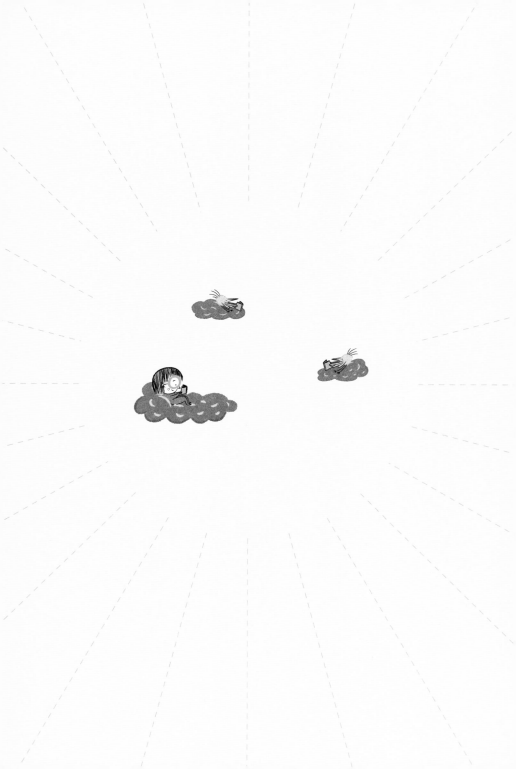

초등
독서 습관
60일의 기적

※ 일러두기

책에 나오는 모든 이름은 가명입니다.

초등 독서 습관 60일의 기적

초판 발행 2021년 8월 6일

지은이 김선호 **펴낸이** 이성용 **책임편집** 박의성 **책디자인** 책돼지

펴낸곳 빈티지하우스 **주소** 서울시 마포구 성산로 154 407호(성산동, 충영빌딩)

전화 02-355-2696 **팩스** 02-6442-2696 **이메일** vintagehouse_book@naver.com

등록 제 2017-000161호 (2017년 6월 15일) **ISBN** 979-11-89249-55-7 03370

초등
독서 습관
60일의 기적

김선호 지음

빈티지하우스
VINTAGE HOUSE

교과서를 이해하지 못하는 아이들

수학을 포기하는 아이들이 점점 늘어나고 있습니다. 연산 능력이 부족해서일까요? 아닙니다. 그 아이들은 덧셈, 뺄셈, 곱셈, 나눗셈 모두 잘합니다. 단순히 어떤 계산식을 주고 풀라고 하면 금방 풉니다. 그런데 막상 시험을 보면 점수가 형편없습니다. 서술형 수학문제를 이해하지 못하고 무엇을 구하라고 하는지 읽어내지 못하기 때문입니다.

"선생님, 문제를 다시 읽어봐도 무슨 말인지 하나도 모르겠어요."

분명 한글로 적혀 있는데, 왜 아이들은 수학문제를 어려운 외국어를 공부하듯 읽을까요? 문장을 이해하지 못하니 결국 그냥 문제를 외우는 방식으로 공부를 합니다. 학년이 올라갈수록 개념 이해를 통한 응용문제들이 많이 등장하는데, 그때마다 속수무책입니다. 문장을 살짝만 바꾸어도 무슨 말인지 이해하지 못합니다.

수학만 그런 것이 아닙니다. 아이들은 사회 교과서에서 나오는 역사, 사회, 문화, 정치, 경제 등의 기본적 어휘들을 무척 낯설어합니다. 과학 교과서도 마찬가지입니다. 생물, 물리, 지구과학, 화학 등에서 나오는 기본 단어들 또한 어려워합니다. 그럼 국어는 어떨까요? 조금 긴 지문만 나와도 금방 고개를 돌려버립니다.

수능 만점자들이 하는 말이 있습니다.

"저는 교과서 위주로 공부했어요."

혼자 교과서를 읽고, 그 뜻을 이해하고, 해석하고, 공부할 수 있다는 건 학습할 기본 준비가 이미 되어 있다는 겁니다. 그런데 그렇게 준비된 아이들이 사실 얼마 되지 않습니다. 교과서가 상위권 학생들을 위해 복잡하고 심화된 내용을 담고 있는 것도 아닙니다. 학년별 교과서는 절대 어렵지 않습니다. 아이들의 인지 발달을 고려하여 단어들을 선정하고, 선정된 단어들 중 난이도가 높은 어휘는 각주를 달아 친절히 설명도 해주고 있습니다. 그런데도 교과서를 혼자 읽고 공부할 수 있는 아이들이 몇 안 됩니다.

이유는 간단합니다. 생각보다 책을 읽지 않는 아이들이 많기 때문입니다.

초등 학부모 대상 강연을 갔을 때였습니다. 한 학부모님이 이런 질문을 했습니다. "선생님, 우리 아이가 1학년인데 책을 읽지 않으려 합니다. 3~4학년 정도가 되면 책을 읽게 될까요?" 대답은 "노(NO)"입니다.

책 읽기는 때가 되면 저절로 하게 되는 것이 아닙니다. 독서력은 때가 되면 키가 자라고 몸무게가 늘고 아이들이 성장하는 것처럼 저절로 자라는 것이 아닙니다. 독서력은 철저히 '준비된' 그리고 '계획된' 교육적 의도에 따라 성장하게 됩니다.

같은 1학년이어도 똑같은 1학년이 아닙니다. 어떤 아이는 초등 3학년 수준의 어휘력을 지니고 있으며, 어떤 아이는 아직 5세 수준의 어휘력을 보입니다. 어휘력의 격차는 결국 학습력의 차이로 이어지고, 학년이 올라갈수록 그 간극은 더욱 벌어집니다.

독서력은 서서히 자라나는 어떤 능력이 아닙니다. 그냥 '독서를 하는 아이'와 '독서를 하지 않는 아이'로 나뉠 뿐입니다. 그 중간은 없습니다. 우리 아이가 1학년이든 6학년이든 상관없습니다. 매일 약 40분 정도 혼자 책을 읽는 습관이 잡혀 있지 않다면 독서력이 없다고 보아도 무방합니다. 독서에 대한 지도 및 의도적 교육방법들이 제공되지 않는다면, 그 아이는 지속적으로 책을 읽지 않을 것이 거의 확실합니다.

초등학교에서 '독서를 하는 아이'와 '독서를 하지 않는 아이'의 학습 격차는 생각보다 크지 않을 수 있습니다. 학습지나 사교육으로 문해력의 차이를 극복할 수 있기 때문입니다. 하지만 중·고등학교, 대학교, 성인으로 자라면서 독서 습관을 가지고 있는 사람과 독서 습관을 가지고 있지 않는 사람은 학업성취도부터 삶의 질까지 점점 큰 차이를 보이게 됩니다. 독서 습관은 아이들의 공부를 넘어 평생 사용할 무기를 만들어 주는 것입니다.

흔히 좋은 습관이 형성되려면 최소 60일 정도 꾸준히 똑같은 행동을 반복해야 한다고 합니다. 중·고등학교에만 진학해도 독서 습관을 만들기 위한 60일의 시간을 내기가 어려워집니다. 이미 독서 습관이 형성된 아이들이 독서 습관을 유지할 뿐입니다. 그렇기 때문에 초등학교 시절은 독서 습관이라는 무기를 만들기 위한 마지막 기회가 될 수 있습니다.

여러분의 아이들이 '독서를 하는 아이'가 되기를 바랍니다. 아이들이 독서 습관을 만들어가는 여정에 부모님들이 함께하기를 바랍니다.

2021년 다락방 집필실에서
초등교육 전문가 **김선호**

차례

1장

부모의 사소한 오해가
아이의 독서를
방해한다

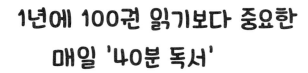

1년에 100권 읽기보다 중요한
매일 '40분 독서'

많이 읽으려면 무엇보다 많은 시간을 투자해야 합니다.

각자의 속도에 따라 읽는 양이 달라지겠지만

많이 읽으면 읽을수록 속도는 빨라지기 마련입니다.

고광윤, 《영어책 읽기의 힘》

초등학생을 대상으로 한 독서량 통계가 독서에 대한 잘못된 인식을 갖게 합니다. 지난 20년간 초등학생의 독서량 통계에 대한 기사들을 보면 공통된 문구가 있습니다.

"초등 고학년으로 갈수록 독서량 줄어…"

마치 헤드라인 기사처럼 들리는 이 문구를 뒷받침하는 근거로 독서 권수를 말합니다. 초등 저학년은 한 달에 20권 가까운 책을 읽지만, 고학년이 되면 10권도 채 읽지 않는다는 내용이지요. 이는 잘못된 해석입니다.

우선, 저학년과 고학년이 읽는 책의 수준이 다릅니다. 저학년의 한 권과 고학년의 한 권을 똑같은 기준으로 삼을 수 없습니다. 그렇게 기준을 잡으면 앞으로도 계속 '고학년으로 갈수록 독서량 줄어'라는 기사를 매년 보게 될 겁니다.

엄밀히 구분하자면 독서량은 읽은 글자 수로 기준을 잡아야 합니다. 그런데 읽은 글자 수를 파악하기는 어렵습니다. 대신 시간으로 비교하는 것이 그나마 적정한 기준이 될 수 있습니다. 물론 글자를 읽는 속도는 다르겠지만 적어도 시간만큼은 저학년이나 고학년 모두 똑같이 주어지기 때문입니다. 저학년의 한 권과 고학년의 한 권은 페이지 수나 글자 수에 상당한 차이가 있지만, 저학년의 1시간이나 고학년의 1시간 모두 60분, 3,600초라는 똑같은 무게감입니다.

2015년 기사를 보면 한 영어교육 전문기업에서 초등 학부모 515명을 대상으로 조사한 내용이 있습니다. 한 달을 기준으로 미취학 아동은 16.1권, 초등 저학년 16.6권, 초등 고학년은 10.2권의 책을 읽는다고 발표했습니다. 발표의 이유는 위와 같이 고학년으로 갈수록 독서량이 줄어든다는 내용이었습니다. 그런데 아이러니한 조사 결과를 뒤이어 안내합니다. 한 번 책을 펼친 이후 독서를 지속하는 시간은 미취학 아동 47.4분, 초등 저학년 48.1분, 초등 고학년 45.4분으로 발표했습니다. 결국 시간의 차이는 몇 분 나지 않습니다.

이것이 의미하는 바는 무엇일까요?

초등 저학년이든 고학년이든, 독서하는 아이들 입장에서는 독서량이 별 차이 없음을 의미합니다. 책의 권수로는 현저하게 줄어든 것 같지만 독서 시간에는 큰 차이가 없습니다. 여기서 유의할 사항은 모든 아이들의 독서량이 똑같지는 않다는 것입니다. 중요한 것은 독서를 하는 아이는 저학년이나 고학년이나 평균 40분 이상의 독서를 매일 해오고 있다는 사실입니다.

그렇다면 매일 평균 40분 이상의 독서를 한다는 것에는 어떤 의미가 있을까요? 그 의미를 알기 위해서는 다음과 같은 질문에서 시작해야 합니다.

"초등학생이 1년에 100권의 동화책을 읽었습니다. 많이 읽었다고 할 수 있을까요?"

이는 학년에 따라 기준이 다릅니다. 1학년이 1년에 100권의 책을 읽었다면 그 아이는 책을 읽지 않는 아이입니다. 1학년 수준의 얇은 동화책은 한 권 읽는 데 평균 5~10분 정도 걸립니다. 그럼에도 1년에 100권을 읽었다는 말은 3~4일에 한 권을 읽었다는 것이지요. 이는 바꿔 표현하면 하루 평균 독서 시간이 3분 미만이라는 뜻입니다. 책을 읽지 않은 것과 다름이 없습니다.

그럼 3학년을 기준으로 계산해보겠습니다. 3학년이 되면 1학년에 비해 줄글이 급격히 많아진 동화책도 읽을 수 있습니다. 즉, 독서 호흡이 길어집니다. 한 권 읽는 데 약 20~30분 정도의 시간이 걸리는 동화책을 읽을 수 있습니다. 그렇다면 3학년이 1년에 100권의 책을 읽으려면 마찬가지로 3~4일에 한 권씩 읽으면 된다는 계산이 나오지요. 바꿔 표현하면 3~4일간 총 30분 미만의 독서를 하면 1년에 100권이 됩니다. 많이 읽었다고 할 수 있을까요? 결국, 3학년이라도 1년에 100권 책을 읽었다는 의미는 아직 독서가 습관으로 체득되지 않았다는 뜻입니다. 그저 억지로, 누군가의 강요로 책을 읽고 있을 뿐이지요.

6학년으로 생각해봅시다. 1학년부터 꾸준히 독서를 해온 6학년이라고 가정한다면 한 권을 읽는 데 2~3시간 정도 걸리는 분량의 책을 읽을 수 있습니다. 6학년이 1년에 100권을 읽었다는 건 3~4일에 한 권을 읽었고, 이것을 시간으로 바꾸면 3~4일에 2~3시간 정도 책을 읽었다는 뜻입니다. 하루에 약 40분 정도의 독서를 했다는 의미입니다.

초등학생 6학년에게 하루 40분 독서, 결코 많이 했다고 할 수는 없습니다. 3시간 동안 스마트폰 게임을 한 번에 몰아서 해도 시간이 부족하다고 말하는 아이들입니다. 그들에게 40분은 게임을 시작하다 만 수준이지요. 독서도 마찬가지입니다. 충분히 더 읽을 수 있는 능력은 있으나, 할 수 있는 최소한의 독서량만 채우고 있을 뿐입니다.

그래도 매일 40분씩 책을 읽은 아이들에 대해서 이렇게 해석할 수 있습니다. 적어도 이 아이들은 1학년 시절부터 지금까지 40분씩 책을 읽어왔겠다는 것입니다.

그럼 이제 책의 권수를 계산해보겠습니다. 하루 1시간 책을 읽었을 때, 1학년의 경우 1년간 읽는 책은 (한 권당 10분 분량 동화책) 6권 곱하기 365일, 즉 2,190권이 됩니다. 3학년은 (한 권당 20분 분량 동화책) 3권 곱하기 365일, 1,095권입니다. 6학년은 (한 권당 2시간 분량 도서) 0.5권 곱하기 365일, 약 182권이 됩니다. 표로 정리하면 다음과 같습니다.

	매일	30일	········	365일
1학년	권당 10분 분량 동화책 6권=60분	180권	········	2,190권
3학년	권당 20분 분량 동화책 3권=60분	90권	········	1,095권
6학년	권당 120분 분량 동화책 0.5권=60분	15권	········	182.5권

하루 60분씩만 꾸준히 읽어도 초등학생들에게 학년별로 읽기 적합한 책의 권수는 연간 기본적으로 100권이 금방 넘어갑니다. 그 이하로 읽었다는 의미는 두 가지 상황을 말합니다. 책 읽는 시간(자발적으로 독서를 하는 시간)이 하루 평균 10여 분 정도이거나 자기 수준보다 훨씬 어려운 내용의 책을 읽느라 시간이 오래 걸렸을 경우입니다.

이제부터 자녀의 독서력을 책 읽은 권수로 계산하지 마시기 바랍니다. 이는 자녀의 독서량에 대해 잘못된 판단을 하게 합니다. 1학년 자녀의 독서 목록을 보면서 1년 동안 100권의 책을 읽었다며 많이 읽었다고 대견해하시는 오류를 범하지 않기 바랍니다.

중요한 건 시간입니다. 실제로 초등 1학년 아이 중에는 학교 도서관에서 1년에 300권 이상 대출해가는 아이들은 꽤 많습니다. 많이 읽는 아이들의 경우 600권 정도 대출해갑니다. 초등학교 수업 일수가 1년에 190일이기 때문에 600권 정도 대출해간 경우 하루 평균 3권 정도를 빌려 간다는 계산이 나옵니다. 1학년 아이들이 읽을 수준(권당 10분이면 읽을 수 있는)의 책 3권이면 매일 30~40분 정도 책을 읽었다는 계산이 나옵니다.

이제 이렇게 생각하시기 바랍니다.

'우리 아이는 매일 40분 이상 책을 읽고 있는가?'

매일 40분 이상 책을 읽고 있지 않다면, 1년에 100권을 읽는다 해도, 매일 책 읽는 시간이 10분 미만이라는 이야기입니다. 물론 이것은 자발적인 독서 기준입니다. 그 밖의 시간(학교 수업, 학원, 문제집 풀기, 숙제 등)을 제외한 순수 독서를 말합니다.

독서 권수로만 보자면 생각보다 많은 책을 읽어야 합니다. 1학년 교실에서 보면 책을 읽기 시작한 지 10분 만에 어떻게든 책을 안 보려고 온몸으로 저항하는 아이들이 생각보다 많습니다. 그런 아이들도 하루 한 권 정도는 읽었다고 자랑합니다. 6개월이면 금방 100권이 넘지요. 안타깝지만 그렇게 하더라도 하루 10분 정도입니다.

독서가 일상에서 체득되고 습관이 된 아이들은 최소 하루 40분 이상 꾸준히 책을 읽고 있다고 생각하시기 바랍니다. 고학년이 될수록 줄어드는 게 아닙니다. 40분 이상 꾸준히 읽는 아이들은 저학년이나 고학년이나 늘 있어왔습니다. 그나마 그 아이들이 고학년이 되면 읽는 책이 두꺼워져서 책 읽는 권수가 줄어들 뿐입니다.

그럼 이제 생각할 것은 단 한 가지입니다.

'우리 아이는 하루 40분 이상 자발적 독서를 하고 있는가?'

그렇지 않다면, 현저히 적은 독서량입니다. 하루 10분 미만일 겁니다. 서두르시기 바랍니다. 성인이 되어도 하루 30분 이상 독서를 하는 인구가 그리 많지 않습니다. 절반 이상이 하루 책 읽기 0분입니다. 우리 아이가 하루 40분 이상 '자발적 독서'를 하고 있지 않다면, 어른이 되어도 매일 책 읽을 가능성은 매우 희박합니다.

독서 습관은
책을 '듣는' 순간부터 시작된다

책 좋아하는 아이로 키우고 싶다면 함께 읽으세요.

김성효, 《초등공부, 독서로 시작해서 글쓰기로 끝내라》

✦

학부모라면 초등학교 입학 전 아이에게 글자를 가르치다 아이를 혼내거나 화를 내신 경험이 모두 있을 겁니다. 그런 과정을 거쳐 이제 아이가 더듬더듬 책을 읽게 되었을 때는 이미 부모는 충분히 지친 상황이됩니다. 부모의 무의식에는 이런 마음이 가득합니다.

'글자를 읽을 수 있게 해주었으니, 그다음부터는 네가 스스로 알아서 하렴. 난 여기까지다. 책을 가져다줄 테니 네가 읽어라. 글자만 알면 읽을 수 있을 거야.'

안타깝지만 진짜 교육이 시작되는 시점은 그 순간부터입니다. 이제 더듬더듬 글자를 읽을 수 있을 정도가 된 순간부터가 독서를 통해 인지력이 확대되는 중요한 출발점이 됩니다. 적극적인 교육의 개입이 필요한 순간이 됩니다.

그런데 그 순간부터 아이들에게 이렇게 말합니다.

"책은 스스로 읽는 거야. 자주 많이 읽어."

이건 책 읽는 방법을 알려주는 것이 아닙니다. 그냥 책을 준 것일 뿐입니다. 글자만 좀 읽을 줄 안다고 책을 읽을 수 있다고 생각하면 안 됩니다.

이런 생각이 들 수도 있습니다.

'아이들에게 책 읽는 방법을 따로 가르칠 필요가 있을까?'

그리고 그 생각에 대한 편리한 대답이 떠오를 겁니다.

'어느 정도 습관이 될 때까지는 지도가 필요하겠지.'

독서를 '책 읽는 것'에만 국한한다면 이 대답은 어느 정도 맞다고 할 수 있습니다. 하지만 독서를 단순히 책을 읽는 것에서 논리적 사고, 추상적 사고, 유추, 상상, 사고의 확대, 말하기, 글쓰기 등으로 연결시키는 순간, 독서는 가르쳐야 하는 대상이 됩니다.

초등교육 과정에서 국어 수업 중 '읽기'의 비중은 매우 높습니다. '읽기'는 소리 내어 읽는 것만 의미하지 않습니다. 소리 내어 읽고 있는 '단어'의 '의미'를 기본적으로 알아야 합니다. 또 내가 알고 있는 단어의 의미가 문장에서 다른 의미로 사용될 수 있음도 알아야 합니다. 그 밖에 글쓴이의 의도 또한 파악해야 합니다. 제목을 통해 전체 내용을 예상할 수도 있어야 합니다.

독서는 책만 있으면 혼자 알아서 할 수 있는 일이 아닙니다. 특히 초등 시기 독서는 살짝 지도만 하면 혼자, 알아서 책을 잘 읽을 수 있는 그런 과정의 것이 아닙니다. 그런 종류의 것은 따로 있습니다. TV, 영화,

유튜브, 게임 등 영상매체가 그렇습니다. 그런 것들은 전원 코드를 꽂고 리모컨을 어떻게 조종하는지만 알려주면 그 뒤부터 아이들이 알아서 할 수 있습니다. 내가 소리 내지 않아도 이러한 영상매체는 다양한 사운드를 실감나게 제공합니다. 내가 상상하지 않아도 영상을 보여주며 시각적으로 즐거움을 제공합니다. 청각과 시각을 동시에 자극하기 때문에 에너지를 많이 사용하지 않아도 내용을 이해하는 것이 어렵지 않습니다. 심지어 편안하게 누워서 보아도 됩니다.

독서는 글자를 읽을 수 있어야 하고, 의미를 알아야 하고, 어휘들이 연결된 문장이 표현하고자 하는 내용뿐 아니라 문장을 써내려간 글쓴이의 숨은 의도까지 파악해야 합니다. 문장 속 대화에서는 그 어감(語感)까지 생각해가며 읽어야 제대로 의미를 알 수 있습니다. 어린이가 몇 번 지도를 받았다고 해서 잘해낼 수 있는 능력이 아닙니다.

즉, 아이들에게 처음 독서를 가르칠 때는 적절한 지도를 할 수 있는 사람이 옆에서 함께 도와주어야 합니다.

"이 책, 재미있는 그림들이 있으니까 읽어봐."

책을 주고 혼자서 읽으라고 하는 건, 재미없는 걸 재미있다고 우기면서 시키는 것과 크게 다르지 않습니다. 태어나서 책보다 엄마의 스마트폰을 먼저 바라본 아이들입니다. 기성세대보다 훨씬 더 책 읽기에 열악한 환경에 처한 아이들입니다. 그들에게 책보다 재미있다고 느껴지는 것들이 환경적으로 너무 많습니다.

초등 고학년 아이 중에는 독서를 싫어하는 아이들이 참 많습니다. 이 아이들의 경우 책을 읽게 하는 것 자체만으로도 무척 긴 대립상태를 만듭니다. 어떤 이유를 만들어서라도 책을 읽지 않고, 읽어도 건성으로 최대한 빨리 해치워버려야 할 과제로 생각합니다. 그런 아이들에게 독서는 처음부터 새롭게 배우고 익혀야 하는 어려움의 대상이 됩니다.

초등 저학년 아이 중에도 독서를 싫어하는 아이들이 의외로 많습니다. 학교 아침 독서 시간이면 아이들은 독서 종소리에 습관적으로 자리에 앉습니다. 그리고 읽을 책을 꺼냅니다. 하지만 그 종소리에 무의식적으로 지연 행동을 보이는 아이들이 있습니다. 그리 길지 않은 10분 정도의 독서 시간을 책 고르느라 다 보냅니다. 어떻게 해서든 책을 읽어야 하는 상황을 지연시키는 것이지요. 3분 정도 남겨놓고서야 책을 펴고 가만히 있습니다. 책을 읽는 것이 아닙니다. 아무 페이지나 펼쳐놓고 읽는 시늉으로 남은 3분을 버팁니다. 읽는 것보다 차라리 그냥 가만히 버티는 게 더 좋을 만큼, 그 아이에게 책 읽는 건 싫은 일입니다. 초등 저학년 아이들에게 문장을 읽는 건 무척 고된 정신적 노동입니다.

《초등 저학년 독서습관 만드는 결정적 시기》의 저자 김기용 선생님은 책에서 이렇게 언급합니다.

> 아이가 혼자 책을 읽기 시작했다면 부모들은 더 이상
> 책을 읽어주지 않아도 된다고 안도하며 편안한 저녁 시간을
> 보낼 수도 있습니다. 최소한 초등학교 4학년까지는
> 책을 읽어주거나 함께 읽는 것을 권장합니다.

독서 습관이 자리 잡기까지는 생각보다 오랜 시간이 필요합니다. 일반적으로 좋은 습관 하나를 익히려면 60일 정도의 시간 동안 습관 행동을 꾸준히 반복하라고 합니다. 하지만 독서는 다릅니다. 저학년 아이가 엄마와 함께 60일 정도 반복해도 혼자 책을 읽도록 맡겨놓으면 금방 그 습관을 놓칩니다. 왜 그럴까요?

저학년 시기에는 책을 읽을 때마다 새로운 어휘가 등장하기 때문입니다. 또 문맥상 그 의미를 짐작으로 파악한다고 해도, 도저히 파악이 안 되거나 뭔가 감이 잘 오지 않는 단어들이 있습니다. 결국, 단어를 잘

못 해석한 순간 책 내용이 이상하게 전개되어 이해가 되지 않아 재미가 없어집니다. 60일 정도 반복했던 독서 습관이 금방 무너지게 됩니다.

독서는 누군가 옆에서 함께 읽고, 모르는 단어를 설명해주고, 내용에 대해 이야기를 나누는 과정이 함께 진행되어야 합니다. 이것이 독서를 배우는 과정이 됩니다. 자녀에게 독서 습관이 제대로 잡히기만 하면, 초등 시기 교육에 대해 크게 신경 쓸 것이 없어집니다. 그런데 그 독서 습관이 잡히기까지 생각보다 오랜 시간 책 읽는 과정을 지속적으로 함께해야 합니다. 그 속에서 아이들은 진짜 독서를 배웁니다.

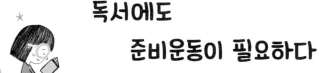

독서에도
준비운동이 필요하다

너무 힘들고 지칠 때 고요한 새벽에 따뜻한 차를 마시며

좋아하는 음악을 들으면 에너지가 채워진다.

불안하고 우울할 때도 마찬가지로

이른 아침 나만의 시간을 통해 안정감을 찾는다.

김유진,《나의 하루는 4시 30분에 시작된다》

독서는 매우 정적(靜的)인 활동입니다. 도서관이나 서점은 늘 일정한 수준의 조용함을 유지합니다. 물론 책을 읽는 과정 중에 느껴지는 심리적 몰입감은 결코 정적이지 않습니다. 많은 감정의 역동이 일어나고, 심지어 책 내용의 절정에서는 긴장감도 높습니다. 그러나 일단 책을 손에 들고 가만히 있는 모습은 지극히 정적입니다. 내면은 역동적 이야기에 빠져들어도 독서는 외적으로 정적인 상태를 유지해야 가능한 활동입니다.

러닝머신 위를 달리며 음악을 듣거나 휴대폰 동영상을 보는 건 가능합니다. 그런데 달리면서 책을 읽는 건 매우 어려운 일입니다. 독서는 정적인 환경에서 몰입이 훨씬 더 쉽습니다. 소리 내어 읽는 낭독도 지극히 정적인 활동입니다. 혼자서 글자를 입 밖으로 표현할 뿐, 그 소리 안에 머물면서 글 내용에 몰두하는 혼자만의 정적인 활동이죠. 주로 책 내용을 암기해야 할 때 혼자 소리 내어 읽기도 합니다. 그 소리 속에 자신을 묻어두면서 책 내용을 숙지합니다.

독서보다 더욱 정적인 활동이 있습니다. 대표적인 예가 바로 명상입니다. 가만히 앉아서 숨 쉬는 것 이외에 그 어떤 움직임도 없습니다. 생각도 멈춥니다. 오로지 '자아(自我)'를 느끼는 데 온 신경을 집중합니다.

명상을 자주 하는 전문가들을 살펴보면 한 가지 공통점이 있습니다. 명상의 시작과 끝 지점에서 몸풀기를 합니다. 천천히 관절과 근육을 이완 및 수축하면서 숨 고르기를 합니다. 명상 시작 전, 오랜 시간 명상에 집중하기 위해 경직되기 쉬운 근육들을 최대한 달랩니다. 명상을 마친 뒤에도 마찬가지입니다. 천천히 근육을 풀고 정적인 상태에서 서서히 돌아옵니다. 정적인 상황에 몰입되었던 심신이 놀라지 않도록 하기 위함이죠.

독서와 명상과 같은 정적 활동에서 몰입도를 높이려면 전제 조건이 있습니다. 바로 '안정감(安定感)'입니다. 방금 막 축구 경기를 뛰고 돌아온 아이에게 자리에 앉아 책을 읽으라고 하는 경우는 없습니다. 최대한 숨을 고르고 땀도 닦고 심장 박동이 어느 정도 평정을 유지했을 때 독서가 가능해집니다.

명상 전문가들이 명상에 들어가기 전 몸풀기를 하듯, 독서를 시작할 때 바로 책을 읽기보다 간단한 스트레칭을 한 후 몰입하는 과정이 있으면 오랜 시간 독서하는 데 도움이 됩니다. 천천히 근육을 이완시키면서 동시에 심리적인 안정감을 유도할 수 있습니다. 운동 전 준비체조를 하듯이 손목, 어깨, 목 등 몸을 천천히 풀어주는 것이 독서에 몰입할 수 있는 과정이 되어줍니다. 몸을 풀면서 서서히 그리고 천천히 멈추어가는 과정입니다.

독서를 쉬운 일로 생각하면 오산입니다. 독서는 언제 어느 때고 쉽게 할 수 있는 것이 아닙니다. 사실 독서는 까다롭고 민감한 일입니다. 주변이 시끄럽거나, 무언가 시선을 흔들거나, 심지어 주변 공기가 너무 건조하거나 습해도 집중하기 어렵습니다. 이런 민감한 독서를 엄마 아빠는 너무 쉽게 생각합니다. 그래서 대수롭지 않게 말합니다.

"책 좀 읽어라! 앉아서 읽기만 하면 되는데 왜 그리 집중을 못 해. 그렇게 책을 안 읽어서 뭘 어떻게 하려고 그러니?"

엄마의 목소리가 짜증 섞인 감정으로 아이에게 전달되는 순간, 아이의 내면으로 짜증이 전이되고 평정심을 놓아버립니다. 그 순간부터 한나절 정도는 책을 손에 잡을 수 없는 상태가 됩니다.

그나마 한나절 정도 마음을 흔드는 짜증은 양호한 편입니다. 며칠 혹은 몇 주 동안 책을 읽지 못하게 할 정도로 독서를 방해하는 심리상태가 있습니다. 바로 '불안'입니다. 아이들이 불안한 마음에 할 수 있는 건 몇 가지 없습니다. 먹거나, 깊은 잠으로 회피하거나, 게임 속으로 빠져듭니다.

독서를 통해 불안감을 낮출 수 있지 않느냐고 질문할 수 있습니다. 불가능하지는 않습니다. 그러나 그런 정도가 되려면 능동적 독서 숙련가의 위치에 있어야 합니다. 초등 시기 아이들에게 불안한 마음을 독서를 통해 낮추라고 주문하는 건 불가능한 일에 가깝습니다.

알랭 드 보통은 《불안》에서 이렇게 표현했습니다. "동등하다고 여기는 사람들이 우리보다 더 나은 모습을 보일 때 우리는 불안을 느낍니다." 초등 아이들의 경우도 비슷한 양상을 보입니다. 아이들은 '친하다고 여긴 친구들이 자신만 빼고 무언가를 하고 있을 때' 불안의 강도가 높아집니다. 그리고 그 상황이 해결되기 전까지는 다른 모든 것들이 원활하게 작동하지 않습니다. 평소 독서를 잘 하던 아이마저 불안의 강도가 높을 때는 독서의 빈도가 낮아집니다. 그런데 부모가 독서를 학습의 일환으로 생각하게 되면 아이의 불안을 인지하지 못한 채 책 읽기를 강요하게 됩니다.

자녀가 책을 펼쳐놓고 있지만 읽은 내용을 물었을 때 제대로 답변하지 못한다면, 아이의 몰입을 방해하는 불안요소를 살펴볼 필요가 있습니다. 모르는 어휘가 많은 경우가 아니라면, 친구 관계에서 오는 해결되지 못한 상황들이 독서를 가로막기도 합니다. 그럴 땐 책을 놓고 잠시 아이의 이야기를 귀담아듣는 시간이 필요합니다. 누구 때문에 짜증이 난다거나 화가 난다고 또는 속상하다고 말한다면 일단 책 읽기를 멈추세요. 지금은 안정감이 필요한 순간입니다. 이때 정서적 공감의 짧은 대화가 안정감을 앞당겨줍니다.

"그런 일이 있었구나. 속상하겠다."
"그런 일이 있었구나. 화가 나겠다."

독서는 생각보다 민감한 활동입니다. 책 읽기가 습관인 사람들조차도 자신만의 고유한 패턴이 흐트러지는 불안정 속에서 독서를 유지하기 어렵습니다. 우리 아이에게 책을 읽히고 싶다는 바람에 앞서, 우리 집이 과연 아이에게 안정감을 주는 분위기인지 꼭 살펴보시기 바랍니다.

더불어 꼭 기억하시기 바랍니다. 독서는 편안하고 안정적인 분위기에서 몰입도가 높습니다. 많은 이들이 집을 놔두고 커피 향과 음악이 있는 카페에서 책을 읽는 이유가 있습니다.

"독서는 분위기에 예민합니다."

독서는 가장 즐거운
경험이 되어야 한다

사람마다 책을 읽으며 쾌락을 경험하는 지점이 다르다.

하지현, 《정신과 의사의 서재》

독서는 욕망입니다. 특히 새로운 것들에 대한 호기심과 호기심을 채워 나가고자 하는 욕구가 책 읽기의 원동력이 됩니다. 아이들은 그러한 욕구의 과정을 대부분 놀이를 통해 채웁니다. 돌을 들춰보기도 하고, 종이를 접어 날려보기도 하고, 돌멩이를 물속에 던져보기도 합니다. 처음 해보는 모든 것들이 다 아이들의 호기심을 자극합니다.

아이들의 독서력도 마찬가지입니다. 책에 대한 긍정적 생각에서 독서력이 시작됩니다. 좀 더 원초적으로 표현하면, 책 속에 재미있는 것들이 가득하고, 즐거운 이야기를 듣고 싶다는 욕구를 자주 느껴야 합니다. 그런 욕구는 어린 시절에 생길 수 있습니다. 초등학교를 졸업하고 중학생이 되고부터는 그러한 욕구를 느끼도록 만드는 과정은 매우 어렵습니다. 불가능한 것은 아니지만 그때까지 기다려도 된다는 말은 하고 싶지 않습니다. 독서력을 욕구의 차원으로 보았을 때, 심리 발달 과정상 절대적 시기가 있습니다. 그 시기는 초등학교를 넘어서지 않습니다.

엄밀히 표현하면 초등 입학 전(영유아 시기)이 독서력의 기본을 만드는 데 가장 좋습니다. 책에 대한 욕구를 느끼게 해줄 기회를 손쉽게 만들 수 있기 때문입니다. 시간을 좀 더 확장해서 초등학생이 된 후에도 불가능한 것은 아닙니다. 하지만 학년이 올라갈수록 그런 기회가 현저히 줄어듭니다. 특히 학년이 올라갈수록 책 이외에 재미있다고 느껴지는 것들에 대한 정보가 아이들에게 많이 노출됩니다. 가급적 책에 대한 긍정적 마인드와 책을 읽고 싶다는 욕구를 초등 3학년 이전까지 최대한 만들어주는 것이 좋습니다.

책에 대한 욕구는 선천적인 욕망이 아닙니다. 밥을 먹거나 배설하거나 잠을 자고 싶은 신체적 욕망이 아니라는 뜻입니다. 독서는 후천적 욕구입니다. 외부로부터 주어지는 긍정적 경험에서 그 욕구가 만들어지고 강해집니다. 그래서 독서에 대한 어린 시절 '초기 욕구'가 매우 중요합니다.

'나중에 천천히 마음잡으면 책을 읽겠지.'

안타깝지만 독서는 천천히 마음을 잡아가며 할 수 있는 일이 아닙니다. 독서는 마음먹을 때까지 기다리는 것이 아니라 독서에 대한 욕구를 일으키도록 자극함으로써 실현됩니다. 결국, 독서에 대한 아이들의 반응은 둘로 나뉩니다. 독서를 좋아하는 아이와 그렇지 않은 아이. 중간은 없습니다. 천천히 마음먹으면서 언젠가 시작되는 그런 중간 과정이 없습니다. 독서를 좋아할수록, 독서에 대한 욕구가 강할수록 독서력은 높아집니다.

책에 대한 초기 욕구 생성 및 그 욕구에 대한 갈증을 자주 느끼게 해주고, 적당한 간격으로 그 욕구를 채워주는 과정이 무척 중요합니다. 그렇게 하려면, 10세 이전에 독서력을 챙긴다는 생각을 갖고 독서교육에 몰입하는 것이 좋습니다. 책을 좋아하는 아이들은 초등 1학년이나 6학년이나 한결같습니다. 책에 대한 욕구가 다른 아이들에 비해 자주 올라옵니다. 마치 맛있는 음식을 보면 침이 고이듯, 책을 보면 읽고 싶다는 욕구가 자동으로 올라옵니다. 이러한 욕구를 늦어도 12세까지는 자동으로 올라오도록 하는 게 중요합니다. 12세, 아이들 심리에 독서 욕구를 자리 잡게 하는 마지노선입니다. 그 이상의 나이에 책을 읽게 하려면 매우 험난한 과정을 거쳐야 합니다.

우리 아이에게 책을 읽고자 하는 욕구를 심어주기 위한 몇 가지 조건을 말씀드리겠습니다.

첫 번째, 미취학 아동이라면 스마트폰을 보여주지 않는 것이 좋습니다. 초등학생이라면 졸업할 때까지 스마트폰을 사주지 않는 것을 권합니다. 스마트폰이 아이들 손에 쥐어지는 순간 독서 시간은 현저히 떨어집니다. 빌 게이츠도 자신의 아이가 14세가 될 때까지 스마트폰 사용을 금지했고 지금도 식탁에서는 스마트폰을 못 하게 한다고 한 인터뷰에서 밝힌 적이 있습니다.

스마트폰의 가장 큰 문제는 독서에 대한 욕구를 거의 사라지게 한다는 것입니다. 아이들은 그 자리를 스마트폰 게임, 스마트폰 영상을 보고 싶다는 욕망으로 채웁니다. 아이에게 아직 독서에 대한 즐거움이 충분히 경험되지 않았을 때, 스마트폰은 자녀의 독서 욕구를 느끼지 못하게 합니다. 10세 미만의 아동에게 스마트폰은 독서력의 천적이라고 생각하셔도 됩니다. 독서에 비하면 스마트폰은 훨씬 자극적이며, 그 자극은 독서에 대한 욕구를 시시하게 만듭니다. 역동적이면서도 굳이 해석하려 애쓰지 않아도 즐거움을 주는 스마트폰이 훨씬 많은 욕구를 자극하는 것이지요.

둘째, 하루 한 번씩은 꼭 책을 재미있게 읽어주는 시간이 필요합니다. '책 읽어주는 시간'이라고 표현하지 말고 '책 놀이', '재미있는 책 이야기' 등의 수식어를 말하며 시작합니다. 책은 재미있고 신기한 이야기가 가득한 놀이라는 사실을 '책 읽어주기'를 통해 경험시켜주어야 합니다. 엄마 아빠가 실감나게 책을 읽어주는 시간이 아이의 독서에 대한 욕구를 일깨워줍니다. 엄마 아빠가 없어도 스스로 책을 읽고 싶다는 생각이 들게 하려면 매일 읽어주는 과정이 필요합니다. 어린 시절, 꾸준한 책 읽어주기는 독서 욕구에 대한 자동 반응을 만들어줍니다.

셋째, 가족 여행을 갈 때 가져가야 하는 물품 목록에 읽을 책을 꼭 챙기기 바랍니다. 가족 여행처럼 즐거운 시간, 책 읽기는 그 즐거움을 배가시킨다는 인상을 주는 것이 필요합니다. 가족 여행 또는 친척, 지인

가족과 여행을 가게 되면 아이들이 낮 동안은 지루하지 않습니다. 경치도 구경하고 여행지에 맞는 체험을 합니다. 하지만 저녁 시간이 되면 어른들은 자신들만을 위한 시간을 갖습니다. 어른들끼리는 술도 한잔 하며 늦게까지 즐거운 시간을 갖지만 아이들은 아이들끼리 할 게 없어 방황하다가 결국은 스마트폰을 보며 시간을 보냅니다.

여행지에서도 저녁 시간에는 스마트기기를 내려놓고, 어른들만의 시간도 잠시 미루고 자녀에게 책을 읽어주는 시간을 꼭 확보하시기 바랍니다. 집에서 읽어주던 책 읽기와 캠핑장에서 랜턴을 켜고 읽어주는 책 읽기는 차원이 다릅니다. 아이들에게 책 읽기에 대한 이미지를 아름답게 만들어줍니다. 자녀가 어릴수록 훨씬 더 효과가 좋습니다.

넷째, 독서에 조기교육이란 말은 없다고 생각하시기 바랍니다. 태교부터가 시작입니다. 부모가 들려주는 이야기는 책을 읽어주든 노래를 불러주든 아이들 입장에서 하나의 '소리'입니다. 일상적으로 말하는 '소리'보다 강약이 있고 리듬감이 있는 '소리'가 아이들의 뇌를 자극합니다. 글자를 조금 천천히 익혀도 되고, 숫자 세기를 조금 못해도 괜찮습니다. 하지만 책에 대한 욕구는 반드시 챙겨야 합니다. 그 욕구를 챙길 수 있는 나이는 10~12세 정도입니다. 그 나이를 넘겨 독서 인구에 편입되는 과정은 매우 어렵습니다.

다시금 말씀드립니다. 독서력은 평생에 걸쳐 조금씩 늘어나는 능력이 아닙니다. 어린 시절 경험된 책에 대한 욕구들의 파편입니다. 그 파편은 아이의 뇌리에 박혀 평생 빛을 발합니다. 어릴수록 깊게 박힙니다.

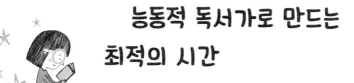

능동적 독서가로 만드는 최적의 시간

독서력은 책을 읽을 때 필요한 총체적인 힘을 말한다.
상상력·사고력·창의력·통찰력 등을 관통하는 힘이다.

황민규, 《독서가 필요한 순간》

초등 시기, 부모가 보기에 그래도 우리 아이가 책을 제법 읽는다고 생각하시는 분들이 있습니다. 어느 정도 많이 읽는다 해도 책을 능동적으로 읽는 아이는 많지 않습니다. 30명 학급 인원을 기준으로 했을 때, 5명 미만입니다. 학급 분위기마다 다르지만 탁월한 '능동적 독서가'가 매년 최소 2~3명 정도는 있습니다. 저학년(1~2학년) 중에도 책가방에 매일 학교 도서관에 반납할 책이 들어 있는 아이들도 있습니다. 그런 아이들을 '능동적 독서가' 또는 '숙련된 독서가'라고 부릅니다. 누가 시키지 않아도 주도적으로 독서를 즐기는 아이들입니다.

아침이면 담임 선생님께 물어봅니다.

"선생님, 지금 도서관 가서 책 반납하고 와도 돼요?"

자기주도적으로 독서를 즐기는 아이들은 쉬는 시간에도 책을 읽을 것 같지만 그렇지 않은 경우가 더 많습니다. 의외로 그 아이들은 쉬는 시간에 친구들과 신나게 놉니다. 그들은 쉬는 시간, 점심시간에는 아낌없이 놉니다. 하루 중 친구들과 맘 놓고 대화하거나 뛰놀 수 있는 시간이 그 시간밖에 없다는 것을 너무 잘 알기 때문입니다. 노는 시간에는 말 그대로 노는 데 투자합니다. 그 아이들은 자투리 시간에 책을 잘 읽지 않습니다. 그들에게 독서는 자투리가 아니라 제대로 시간을 내어 읽어야 하는 것입니다. 그 아이들에게 독서는 쉬는 시간이 아닌 '책 읽는 시간'이 따로 배정되어 있는 생활 습관입니다. 그들의 쉬는 시간은 책 읽는 시간이 아니라 정말 쉬는 시간입니다.

독서가 여유 시간에 하는 것으로 자리 잡게 되면 어른이 되어서도 책을 잘 읽지 않습니다. 능동적 독서가들은 책을 읽는 시간이 따로 확보되어 있습니다. 아이들이 독서를 잠시 짬이 날 때 하는 것으로 인식하는 순간 '능동적 독서가'로의 진입이 늦어집니다. 그렇게 짬을 내서 하는 독서는 책 한 권을 읽는 속도도 일정하지 않습니다. 여유 시간이라는 것이 매일 정해져 있지 않기 때문입니다.

독서는 외형상 가만히 앉아 있다고 해서 결코 만만하거나 쉬운 일이 아닙니다. 특히 아직 읽고 해석하는 데 익숙하지 않은 아이들의 경우, 뇌는 책을 읽는 데 무척 많은 에너지를 소비합니다. 따라서 아이들은 책을 읽고 나서 꼭 쉬어야 합니다. 즉, 뇌가 쉴 수 있는 다른 것이 필요합니다. 특히 저학년(1~2학년)일수록 더 그렇습니다. 저학년 아이들에게 쉬는 시간이나 짬이 나는 시간에 독서를 하라고 말하는 건, 매우 어려운 일을 하라는 것과 같습니다. 또 책 읽기가 그렇게 짬이 나는 대로 해야 하는 것으로 인식되는 순간, 제대로 시간을 내서 읽으려 하지 않습니다. 제대로 자리 잡고 정식으로 읽는 시간과 장소를 보장해줄 때 능동적 독서의 습관이 자리 잡게 됩니다.

능동적 독서가 아이들은 쉬는 시간에 친구들과 수다를 떱니다. 또는 신나게 웃거나 짧은 시간이지만 노는 데 집중합니다. 그러고 나서 수업 시간에 교과서를 집중해서 읽고 교사의 수업에 몰입합니다. 그들에게 수업 시간은 적극적으로 읽고 해석해야 할 또 다른 독서의 시간입니다. 그 아이들은 선생님의 설명을 듣는 사이 책 내용을 살펴보고 중요한 부분에 밑줄을 긋고, 심지어 요약까지 해냅니다. 그렇게 40분을 집중해서 교과서와 수업 내용에 몰두하고 쉬는 시간에 제대로 놉니다. 능동적 독서가에게는 수업 시간 교과서도 새로운 내용이 가득 찬 책일 뿐입니다.

간혹 쉬는 시간에도 재미있는 동화책이나 소설을 읽는 아이들이 있습니다. 고학년 정도 되는 아이 중 몇몇이 그런 모습을 보입니다. 주변 상황에 상관없이 책을 읽고 이해하는 데 큰 어려움이 없게 되었을 때 가능한 일입니다. 그렇게 쉬는 시간에 짬을 내서 책을 읽는 아이들은 평소 정말 여유 시간이 없는 아이들일 경우가 많습니다. 학교 끝나면 학원 가고 학원 끝나면 밤이 늦도록 숙제를 해야 합니다. 지속적으로 이해와 암기를 해야 하는 학습 과부화 속에서 짬을 내서 소설책을 읽는 이유는, 그 이야기 속 내용은 암기할 필요 없이 스쳐 지나가면 되기 때문입니다. 그들은 소설책을 읽으면서 잠깐 쉬는 겁니다. 쉬는 시간을 이용해서 책을 읽다 보면 독서량이 생각보다 많지 않습니다. 책 읽는 시간이 공식적으로 보장되어야 실질적인 독서량이 늘어납니다.

한편 책을 능동적으로 읽지만, 편독(偏讀)하는 아이들이 있습니다. 편독이라도 좋으니 책을 좀 읽었으면 좋겠다고 생각할 수 있습니다. 그런데 생각보다 편독하는 아이들의 독서력은 그렇게 높아지지 않습니다. 관심 분야가 아닌 부분에 대해서는 책을 읽기 싫어하는 모습을 보입니다. 그 아이는 관심 있는 분야가 아닌 책에 대해서는 '초보 독서가' 또는 '비(非) 독서가'와 별로 다르지 않습니다. 다른 분야의 책을 완강히 거부하는 모습을 보이면서 오히려 독서력이 떨어지는 경우도 있습니다.

독서력은 종합적 사고력과 연결됩니다. 편독은 책 자체에 관심이 있다기보다, 관심 분야의 이야기에 집중할 뿐입니다. 추후 종합적 사고, 폭넓은 독서와 연계되려면 편독하는 중에 의도적으로 다른 종류의 책도 접하는 기회를 주어야 합니다. 지나치게 편독하는 아이 중에 수업 태도가 좋지 않은 경우가 많습니다. 수업마저도 관심 분야에 대한 내용이 아니면 집중하지 않는 것이지요.

초등학생이라고 해서 재미있는 이야기가 담긴 동화, 소설만 읽을 수는 없습니다. 교과서도 읽어야 하고, 시사를 다루는 신문도 읽어야 하고, 칼럼이나 논평도 읽어야 합니다. 문학작품만 해도 장르가 다양합니다. 시, 수필, 연극 대본 등 글의 형식은 다양합니다. 능동적 독서가의 조건 중 하나는 글의 종류에 따라 책을 고르지 않는다는 겁니다. 능동적 독서가 아이들은 모든 수업이 재미있습니다. 교과별 수업의 성격상 읽고 해석해야 하는 텍스트의 분량과 내용이 모두 다릅니다. 어떤 텍스트는 객관화된 표현이 가득하고, 요약적 표현도 많습니다. 직관적으로 읽거나 감정과 느낌을 담아 읽어야 할 수도 있습니다. 그 모든 문장들에 대한 이해가 빠르게 되는 아이들은 수업이 재미있을 수밖에 없습니다.

초등 시기 능동적 독서가는 최대한 다양한 장르의 글을 접할 수 있는 기회가 주어진 환경에서 만들어집니다. 그러기 위해서는 자투리 시간에 잠깐씩 읽고 지나가는 정도로는 불가능합니다. 능동적 독서가는 보장된 독서 시간을 통해 성장합니다.

초등 시기 단행본 책 이외에 어린이 과학잡지, 어린이 신문, 어린이 경제잡지 등을 정기적으로 읽는 것이 능동적 독서가로서의 위치에 오르는 데 큰 도움이 됩니다. 학교 도서관, 지역 도서관에 정말 친절할 만큼 잘 구비되어 있습니다. 읽으라고 알려주기만 하면 됩니다. 독서 시간을 따로 만들어 읽는 기회를 주시기 바랍니다.

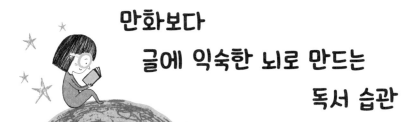

만화보다
글에 익숙한 뇌로 만드는
독서 습관

학습 만화는 책을 읽히고 싶은 부모님과
책을 읽기 싫은 아이와 책을 팔고 싶은 출판사의
삼자담합의 결과물입니다.

최승필, 《공부머리 독서법》

학습 만화를 연구한 논문들이 제법 있습니다. 학습 만화 관련 논문을
보면, 대부분 긍정적 영향력을 피력하고 있습니다. 대략 그 내용을 살펴
보면 다음과 같이 3가지 정도로 정리해볼 수 있습니다.

첫째, 학습 만화는 어려운 교과를 이해하는 데 훌륭한 보조 도구로 사용할 수 있습니다.

둘째, 학습 만화는 아이들로 하여금 호기심을 자극하여 새로운 내용에 대해 관심 갖게 합니다.

셋째, 학습 만화는 이해 속도가 빠르기 때문에 짧은 시간 동안 습득되는 지식의 양이 많습니다.

하지만 학급에서 지켜보았을 때, 학습 만화에 길들여진 아이들은 문장만으로 이루어진 책을 읽고 싶어 하지 않았습니다. 심지어 학습 만화마저도 학습이라 생각하고 억지로 읽는 아이도 있었습니다.

약 10년 전으로 제가 교직 생활을 한 지 얼마 되지 않았던 때로 기억합니다. 학부모 상담주간에 자녀 독서 문제로 이야기를 꺼낸 학부모님이 계셨습니다.

"민철이가 너무 책을 안 읽으려고 해서 걱정이에요."

그때 저는 요즘 교육에 좋은 만화책(역사, 과학, 인물 이야기 등)도 많으니 일단 '학습 만화'로 시작하라고 말씀드렸습니다. 또 실제로 학급에서 학습 만화를 통해 상당한 지식을 습득한 학생도 있었습니다.

시간이 지날수록 민철이에게 만화책으로 독서를 시작하라는 건 잘못된 발상이었다는 판단이 들었습니다. 민철이는 학교 아침 독서 시간에 학습 만화 이외에 다른 책은 보려 하지 않았습니다. 그나마 몇 달 지나지 않아 학습 만화에 대한 흥미도 떨어졌습니다. 일단 책 자체에 스트레스를 보였습니다. 민철이는 책 읽는 시간을 견디기 어려워하는 것처럼 보였습니다.

물론 그나마 학습 만화라도 즐겁게 보는 아이들은 빠르게 다양한 지식을 습득합니다. 분명 또래 다른 아이들보다 아는 게 많습니다. 역사 속 인물들의 이름을 알고 있었고, 과학실험 용어와 결과도 알고 있었습니다. 가끔 어려운 한자도 곧잘 이야기하곤 했습니다. 다른 친구들이 모르는 어떤 것을 내가 알고 있다는 건, 또 그걸 발표해서 칭찬을 받는 건 아이에게 무척 좋은 일입니다. 하지만 딱 거기까지였습니다. 그 아이들은 그림으로 묘사된 단편적인 지식을 스캔하듯 습득하는 방식에 익숙해졌습니다.

만화책은 문장의 맥락을 파악할 필요가 없습니다. 최소화한 문장과 그림을 통해 내용을 습득합니다. 그렇다면 동화책도 그림이 많기 때문에 만화책과 똑같지 않느냐고 질문할 수도 있습니다. 동화책에도 그림이 있습니다. 하지만 그 안의 문장은 개수만 적을 뿐, 한 문장 자체의 길이는 점차 늘어납니다.

또 동화책과 만화책의 문장은 확연히 다릅니다. 만화는 한 컷 한 컷 그림이 다르고 작은 한 컷에 들어갈 한정된 짧은 문장의 형식에서 벗어나지 않습니다. 하지만 동화책은 한 페이지의 중요 주제에 대한 배경이 그림으로 표현됩니다. 나머지는 문장을 통해 해독해야 합니다. 그리고 학년이 올라가고 점차 문장이 많아지면서 그림의 개수는 줄어듭니다.

만화책이 독서 습관에 방해되는 요소들은 여러 가지가 있습니다.

첫째, 학습 만화에 잘 정착했다고 해도, 점차 학습 만화로 습득할 수 있는 지식 범위에 한계가 옵니다. 예를 들어, 고구려 광개토대왕 관련 학습 만화를 읽었습니다. 실제 학교에서 광개토대왕에 대해 조사하고 발표할 준비를 해 오라고 했을 때, 아이들은 학습 만화에서 제공한 정보 이외에도 더 많은 자료들을 찾아야 합니다. 이때 만화에 길들여진 아이들은 또 다른 자료들을 찾는 것에 어려움을 겪습니다. 결국 그냥 인터넷에 있는 자료를 그대로 복사해서 붙이는 수준으로 과제를 해 옵니다. 하지만 독서 습관이 잘 잡힌 아이들은 여러 가지 다양한 매체에서 자료를 수집해서 요약하고 정리한 후 자신만의 줄거리를 만들어 발표합니다. 시각 자체가 종합적이지요.

둘째, 학습 만화에서 읽은 내용은 굳이 책으로 다시 읽으려 하지 않습니다. 예를 들어, 만화 삼국지를 읽었습니다. 그 뒤 도서관에서 소설 삼국지를 발견하지만 읽을 생각을 하지 않습니다. 왜냐하면 본인은 읽었다고 생각하기 때문입니다. 결국 만화책으로 많은 양의 학습 도서를 읽은 순간, 실질적으로 그와 같은 제목의 다른 책들은 읽지 않을 가능성이 높아집니다.

셋째, 많은 아이들이 학습 만화에서 웹툰, 일본 만화로 넘어가는 단계를 밟습니다. 대부분 학부모님들이 처음 학습 만화를 읽힌 목적은 독서와의 연계입니다. 어려운 내용의 책들을 최대한 재미있고 쉽게 이해시키기고 독서에 대한 습관을 잡게 하는 것이었습니다. 하지만 그 순서대로 가지 않는 경우가 많습니다. 계속 만화의 폭을 넓혀 갑니다. 새로운 세계의 만화 시리즈 속으로 빠져듭니다. 보통 한 시즌의 만화책이 40~60권인 점을 감안하면, 2~3개의 시즌이 있는 만화책에 빠져드는 순간 독서를 할 시간은 없어집니다.

우리의 뇌는 무척 게으르다고 합니다. 가능하면 뇌를 사용하지 않고 어떤 일을 할 수 있는 방향으로 길들여지려 하지요. 최대한 에너지를 덜 사용하려는 일종의 생존본능입니다. 자녀의 독서 습관이 정착되기 전에 만화책을 먼저 제시하지 않도록 유의해야 합니다. 문장을 읽고 상상과 유추라는 작업을 하지 않아도 되는 만화에 익숙해질 기회를 주지 않아야 합니다. 그림과 짧은 문체로 알아듣게 설명해주는 만화에 익숙해진 순간, 뇌는 독서를 반가워하지 않습니다. 만화책에 길들여진 뇌에게 독서란 그저 하기 싫은 중노동일 뿐입니다.

독서교육 전문가 최승필 작가는 책《공부머리 독서법》에서 학습 만화의 폐단에 대해 강하게 말합니다. "호기심이 사라지고, 글자를 읽기 힘들게 됐다는 것은 무슨 의미일까요? 아이의 독서 인생이 끝났다는 것을 뜻합니다."

독서가 습관이 되고 체득이 된 아이들에게 학습 만화는 도움이 될 수 있습니다. 그러나 아직 자기주도적인 독서 습관을 갖지 못한 아이에게 학습 만화는 독서의 방해물이 될 가능성이 매우 농후합니다. 학습 만화를 많이 읽으면 독서 습관이 잡힐 수 있을 거라는 생각은 다큐멘터리를 많이 보면 독서 습관이 생길 거라고 믿는 것과 별반 다르지 않습니다.

2장

독서가
습관이 되어야 하는
7가지 이유

선택이 아니라
필수가 된 '공감력'

다른 사람이 느낀 정서가 우리의 정서가 될 수 있다.

마치 다른 사람에게 일어나는 일이 우리에게 전염되듯이,

이러한 경험은 노력이 필요하지 않다.

자동적으로, 직관적으로 그리고 대부분 무의식적으로 그냥 일어난다.

크리스티안 케이서스, 《인간은 어떻게 서로를 공감하는가》

학급에서 학생들을 관찰해보면 '공감력(共感力)'이 높은 아이들은 다른 친구들에게 인정을 받습니다. 여기서 인정이란 어떤 인기가 많음을 확인받는다는 뜻이 아닙니다. 일종의 '신뢰감(信賴感)'에 가깝습니다. 아이들은 토론 중에 무척 논리적인 답변과 대응을 하거나, 약속을 철저히 잘 지키거나, 규칙을 정확히 따르는 친구보다 공감해주는 친구를 더

신뢰합니다. 신뢰는 정확함에서 얻어지는 것이 아니라 감정에 대한 공감에 전적으로 의존하는 것입니다. 자신의 감정이 읽히고 공감받는 순간, 자기 존재가 받아들여진다고 여기기 때문입니다. 이렇듯 공감력은 대인 관계에서 무척 중요합니다.

어린 나이에도 공감력이 높은 아이들이 있습니다. 이렇게 공감력이 높은 아이들은 만 3세 이전에 부모와 안정적인 애착을 형성했을 가능성이 높습니다. 깊은 안정 애착은 타인에 대한 신뢰를 만듭니다. 이러한 신뢰는 무의식적으로 타인의 감정을 직접적으로 느끼게 하는 공감력을 발휘하게 해줍니다. 공감은 타인과 나를 하나로 연결해주는 강한 애착인 셈이지요.

이러한 공감은 다양한 과정을 통해 발달합니다. 특히 부모의 정서적 유대감이 환경적 요소로 큰 역할을 합니다. 또 다양한 인물이 등장하는 이야기책을 읽었을 때 더욱 풍성해집니다. 아이는 엄마가 읽어주는 책 속의 인물들에게 자신의 감정을 이입합니다. 안정 애착을 형성했던 엄마가 책을 읽어준다는 건, 책 속 세상이 안전하다는 것을 의미합니다. 그래서 아이는 더욱 마음껏 자신의 감정을 책 속에 몰입합니다.

5학년 서윤이는 능동적 독서를 하는 아이였습니다. 서윤이는 특히 《해리포터》 시리즈에 빠져 살았습니다. 쉬는 시간이면 《해리포터》를 펼쳐서 읽었습니다. 한국어로 번역된 것을 다 읽었지만, 그것으로는 부족했는지 영어로 된 것마저도 다 읽었습니다. 초등 5학년 아이가 《해리포터》를 영어로 다 읽었다면, 대부분의 학부모는 서윤이의 영어 실력이 궁금했을 겁니다. 책을 읽는데 더구나 영어책에 푹 빠졌다면 많은 엄마들이 부러워하는 대상이 되는 것이죠. 하지만 제가 서윤이에게 놀란 건 영어 때문이 아니었습니다. 서윤이가 《해리포터》 원서를 읽은 이유 때문입니다.

"서윤아, 《해리포터》를 영어 원서로 읽고 있구나. 이전에 한글로 된 거 다 읽지 않았니?"

"다 읽었는데요. 더 실감 나게 읽고 싶어서요."

실감 나게 읽고 싶다는 건, 해리포터를 보다 직접적으로 만나고 싶다는 의미입니다. 공감의 또 다른 표현은 직접 마주하고픈 욕구입니다. 직접 마주하고 이야기 나누고 느껴보고 싶은 그 심정의 근간에 공감 욕구가 있습니다. 서윤이는 해리포터를 직접 만나보고 싶어 할 정도로 깊이 몰입하고 있었습니다. 이 정도면 책을 통해 공감력이 높아진 것뿐 아니라 높은 공감이 또다시 새로운 독서(원서 읽기)의 계기가 된 수준입니다.

히라노 히데노리는 《공감력》에서 이렇게 말합니다. "인간의 공감력을 가동시키기 위해서는 1퍼센트의 드라마틱한 차이를 꾸준히 만들어나가야 합니다." 1퍼센트의 차이는 매우 사소한 것처럼 보이지만 그 1퍼센트는 상대방에게 자신의 감정이 인정받았느냐 아니냐의 100퍼센트로 느껴집니다. 예를 들면, 아래 두 가지 표현이 있습니다. 표현상 1퍼센트 정도밖에 차이가 없어 보입니다. 둘 다 똑같은 목적을 지니고 있습니다. 하지만 공감에 있어서는 100퍼센트 차이가 납니다.

"식사 시간이야. 밥 먹어."
"배고프겠다. 밥 먹자."

둘 다 밥을 먹자는 표현이지만 자신의 욕구를 알아준 1퍼센트의 표현이 결국 자신을 공감해준 전부가 됩니다. 공감은 경험에 의해 발달됩니다. 작은 차이의 표현들 속에서 자신이 공감받은 경험이 많아지거나 책 읽기를 통해서 등장인물들의 감정상태를 읽어나가는 간접경험이 많을 때 축적됩니다.

공감을 위한 작은 1퍼센트 차이의 표현을 일상에서 얼마나 자주 접하느냐에 따라 아이들의 공감력 발달에 큰 차이를 보입니다. 다양한 등장인물을 많이 접하고, 그들의 대화 속에서 1퍼센트의 작은 차이를 지닌 표현을 접하고, 엄마와 대화도 나눠보는 과정에서 공감력이 쌓입니다.

가끔 이렇게 말씀하시는 경우가 있습니다.

"우리 아이는 곤충을 좋아해서 곤충 책만 읽어요."
"우리 아이는 공룡을 좋아해서 공룡 책만 읽어요."
"우리 아이는 별에 대한 책만 읽어요."

한 분야의 책만을 읽는 편식 독서가 잦아지면 공감 발달에 부정적 영향을 줄 수 있습니다. 초등 시기 또 그 이전의 독서는 한 분야에 대한 높은 지식을 얻기 위한 목적이 아닙니다. 그 시기에 책을 읽는 이유는 재미있고, 동시에 지식도 얻을 수 있으며, 더 나아가 사람과 사람, 사람과 자연 및 환경과의 관계성을 간접경험하는 것입니다. 그 관계성에 대한 경험이 공감력 발달을 촉진시킵니다.

우리 아이가 편식 독서라고는 하지만 그나마 그렇게라도 책을 읽으니 만족하는 경우가 있습니다. 하지만 무엇보다 유연한 관계 발달을 위해 좋아하는 분야의 책을 충분히 읽으면서 동시에 등장인물 간 정서적 교류가 있는 이야기책을 꼭 읽도록 안내해줄 필요가 있습니다.

공감은 선택이 아니라 필수입니다. 공감은 자녀의 성장에 큰 영향을 줍니다. 지식과 정보력은 인공지능을 통해 대신할 수 있지만, 공감은 아이의 내면에 자리 잡지 않는 이상 외부에서 대체할 수 없습니다. 직관적 사고를 통해 감정 전이가 왕성한 초등 시기 또는 그 이전 시기에 충분한 책 읽기를 통해 아이의 공감을 배가시키시기 바랍니다. 자녀에게 주는 큰 선물이 됩니다.

독서는
탁월한 '매력 자본'이다

매력은 당신의 자본이 되어,

불확실하고 변화가 심한 이 시대에

당신의 경력을 발전시키는 원동력이 될 것입니다.

이케하라 마사코, 《매력은 습관이다》

'매력 자본'이라는 말이 있습니다. 경제학에 등장하는 독특한 자본 개념입니다. 경제 자본, 문화 자본, 사회 자본에 이어 매력 자본은 제4의 자산이라고도 불립니다. 케서린 하킴(전 런던정치경제대학 사회학과 교수)이 옥스퍼드대학교 저널에 발표한 논문 〈매력 자본〉을 통해 널리 알려지게 되었습니다.

케서린 하킴의 연구에 따르면 북미에서는 수익 면에서 보았을 때, 매력적인 남성이 14~28퍼센트, 매력적인 여성은 12~20퍼센트 더 높은 연봉을 받고 있다고 합니다. 매력적이어서 수익이 높은 것인지, 수익이 높아서 매력적인 생활을 유지할 경제적 여건이 된 것인지에 대한 선후 관계가 명확하지는 않습니다. 하지만 나름대로 흥미 있는 연구라는 데는 저도 전적으로 공감합니다.

한국에 번역된 《매력 자본》에 따르면 '사람들을 호감 가는 동료로 만들고 사회의 모든 구성원, 특히 이성에게 매력 있는 인물로 만드는 신체적, 사회적 매력'을 매력 자본이라고 소개하고 있습니다. 간단히 정리하면 '사람의 마음을 사로잡는 힘을 지닌 사람'이 바로 매력 자본을 가지고 있다고 할 수 있습니다.

'매력 자본'은 아이들에게도 적용됩니다. 매력적인 아이는 4명 중 3명이 우수하다고 평가를 받는다고 합니다. 반면 매력적이지 못한 아이는 4명 중 3명이 평균 이하라는 평가를 받는다고 합니다. 캐서린 하킴 교수의 이러한 주장에 대해 곰곰이 생각해보았습니다.

'매력 자본에 의해 평가가 좌우되는 아이들이 정말 4명 중 3명이나

될까?'

학업성취도평가(중간, 기말고사)에서는 매력 자본이 영향력이 없습니다. 시험지에 적은 내용에 따라 객관적 평가가 명확히 나뉘기 때문입니다. 하지만 지필평가 방식이 아닌 수행평가 중 토론이나 과정중심평가에서는 교사의 주관이 개입되기 때문에 영향력을 미칠 수 있습니다. 또 이렇게 평가라는 이름이 없는 상황에서 이루어지는 일상적 판단에서는 충분히 개입될 여지가 있습니다.

민철이는 자신만의 '매력 자본'이 뚜렷한 아이였습니다. 학급 여학생들뿐 아니라 다른 학년의 여학생들도 민철이를 좋아했습니다. 키가 큰 편이었고, 따뜻한 이미지를 가졌습니다. 공부도 잘했고, 축구도 열심히 했습니다. 그리고 무엇보다도 자상했습니다. 한번은 점심시간에 같은 반 민지와 상담을 하는데 조심스럽게 요청했습니다.

"선생님, 다음 달에 민철이랑 짝하고 싶어요."

한 달에 한 번씩 짝을 바꾸는데, 학급 담임으로서 짝을 하게 해주는 일이 그리 어려운 건 아닙니다. 저는 민지에게 넌지시 물어보았습니다.

"언제부터 민철이를 좋아했니? 어떤 점이 좋았는데?"

"4학년 때부터요. 도서관에서 책 읽는 걸 봤는데, 멋있어 보였어요."

책 읽는 모습만으로도 누군가에게는 '매력 자본'이 됩니다. 물론 독서만으로 모든 매력 자본을 충족시킬 수는 없습니다. 기본적으로 민철이는 외모도 준수했고, 성격도 자상했습니다. 그런 데다가 도서관에서 책도 열심히 읽습니다. 그 모습이 누군가에게는 '매력'으로 비추어졌습니다.

이름은 기억나지 않는데요. 어느 성공한 사업가였습니다. 그가 토크쇼에 나와 이런 말을 했습니다. "저는 약속 시간보다 항상 20~30분 일찍 미팅 장소에 도착합니다. 도착해서 기다리는 동안 책을 읽습니다. 그럼 상대방이 도착했을 때, 저의 책 읽는 모습을 보게 됩니다. 그 모습은 미팅하는 동안에도 영향을 주어서 상대방에게 신뢰감을 유지할 수 있습니다."

책은 읽고 있는 모습만으로도 다른 사람에게 여러 가지를 말해줍니다.

"저 사람은 성실할 거야."

"저 사람은 지식이 풍부할 거야."

"저 사람은 시간 관리를 잘할 거야."

물론 보이기 위한 책 읽기 흉내라면, 곧 바닥이 드러날 겁니다. 하지만 독서가 습관이 된 사람의 모습은 '매력 자본'으로써 충분한 역할을 합니다.

자녀에게 독서를 생활화하는 습관을 들이는 과정은 우리 아이에게 좋은 매력 자산을 하나 갖게 해주는 것입니다. 매력이 자본이 되는 시대, 책 읽는 모습만으로도 하나의 자본이 추가될 수 있습니다.

아이들이 실제로 책을 한 권 다 읽었을 때의 성취감은 표정을 자신 있게 만들어줍니다. 또 자신이 읽은 책의 내용이 생활과 연관되어 있음을 알게 되었을 때의 희열은 아이들에게 다양한 도전에 뛰어들게 합니다. 책 속 등장인물들의 감정을 느끼면서 공감이 발달되고, 등장인물들의 문제 해결 과정을 보면서 본인의 문제들에 직면하는 힘을 키웁니다. 그러한 모든 과정과 실천력이 독서에서 시작되고, 이러한 것이 종합되어 '매력'이라는 또 다른 이름으로 타인에게 다가갑니다.

독서는 지적인 추구에 머무르지 않습니다. 독서는 우리 아이를 주체적이면서 매력적인 사람으로 만들어주는 아주 효과적인 방법입니다. 책을 읽는 습관은 우리 아이에게 특별한 매력을 선물로 안겨주는 것과 같습니다. 그 매력은 평생 지속됩니다.

'자존감'은
책을 읽은 시간만큼 자란다

엄마의 품에서 보호받고 사랑받으면서 읽어주는 책을 듣는 것은
아이들에게 독서는 사랑과 연관된 아름다움이라는 것을
가르쳐줍니다.

메리언 울프(인지신경학자), <EBS 다큐> '책 읽기 생각을 열다'

자존감이 높은 아이들은 다른 사람과 관계 맺기를 잘합니다. 여기서 다른 사람이란 친구뿐 아니라 주변 어른도 포함합니다. 자신에 대한 개방성이 높고 더불어 타인에 대해 수용적 태도를 보입니다. 이러한 관계 맺기는 사회성이 매우 활발한 것만을 의미하지 않습니다. 많은 사람과 관계 맺기를 잘할 수도 있지만, 결국 개인 대 개인 간의 신뢰감을 바탕으

로 깊은 연결이 가능합니다. 이러한 연결점의 기저에는 '자기안전감'이 있습니다.

자존감이 높은 아이들은 타인과의 대화와 토론에 두려움이 없습니다. 또한 자신에 대한 비판을 수용할지 말지 주체적으로 판단합니다. 비판을 공격이라고 여기지 않고 자신을 변화시킬 수 있는 타인의 조언이라고 여깁니다. 그리고 조언을 받아들일지 말지를 주체적으로 결정하지요. 그러한 선택을 할 수 있는 근본 바탕 역시 '자기안전감'에 있습니다.

위에서 언급한 '자기안전감'은 자존감의 중요한 요소 중 하나인데요. '지금 내가 머물고 있는 이곳, 이 상황이 안전하다는 느낌'입니다. 이러한 안전감이 아이들에게 미치는 영향은 생각보다 매우 큽니다. 아이들에게 있어 안전감은 단순히 느낌 정도가 아니라 자신을 지키는 '힘'으로 작용합니다. 안전하고 보호받는다는 건 그냥 되는 것이 아닙니다. 자기를 지켜주는 '힘', '영향력' 등이 있어야 가능한 것이지요. 이러한 안전감이 아이들의 자존감으로 연결되는 건 필연적 현상입니다.

아이들은 안전감을 느끼는 만큼, 자기 자신에 대해 이렇게 생각하게 됩니다.

'나는 보호받을 만한 자격이 있는 사람이구나.'

이러한 생각을 하게 된 아이는 지속적인 안전감을 느끼는 환경에서 성장했다는 의미가 됩니다. 이 아이들은 타인에 대한 신뢰도가 높습니다. 타인에 대한 신뢰도가 높을 수밖에 없는 이유는, 타인으로부터 안정적으로 보호받고 존중받는 상황이 지속되었기 때문입니다. 안전감의 기저에는 보호와 존중이 있었던 것이지요.

아이가 집에서 위험하지 않은 상황에 있다고 해서 안전감을 느끼는 것이 아닙니다. 그땐 그냥 있을 뿐입니다. 안전감을 느끼려면 그러한 상황을 구체적으로 만들어주는 경험이 필요합니다. 누군가 함께 있는 시간이 있어야 합니다. '함께 있음'이 안전감의 출발입니다. 그 누군가는 충분한 애착을 형성한 사람이어야 합니다. 그리고 그 사람과 안전감 있는 활동을 할 때 그 느낌은 배가됩니다. 보통 함께하는 놀이 과정에서 느끼게 되지요.

아이들의 안전감을 끌어올릴 수 있는 좀 더 구체적인 방법을 말씀드리겠습니다. 엄마 아빠 등 아이와 애착이 형성된 양육자가 읽어주는 책 이야기는 아이의 안전감을 높여줍니다. 그 시간은 정적이면서 동시에 역동적인 안전감을 줍니다. 이야기 속에서 슬픈 감정, 기쁜 감정, 신뢰감, 배신감, 분노 등을 맛봅니다. 안전감이란, 이러한 모든 역동적 활동까지 다 마음껏 누릴 수 있는 과정에서 느껴지는 겁니다.

아직 글자를 모르는 시기, 혹은 더듬더듬 읽을 수 있는 초등 저학년 때, 엄마 아빠가 편안한 상태에서 실감 나게 읽어주는 책 읽기의 과정은 아이의 자존감에 중요한 역할을 합니다. 바로 옆에서 들려주는 부모의 안정적인 목소리만으로도 편안함을 느낍니다. 그리고 편안함이 행복으로 다가옵니다. 더불어 그 목소리 안에서 책의 이야기에 빠져 있는 아이는 깊은 안전감을 느낍니다.

아이들은 엄마 아빠가 읽어주는 책 이야기 속에서 마음껏 상상할 수 있습니다. 다음 이야기들을 예측하면서 강한 호기심을 불러일으킵니다. 이러한 일련의 과정 자체가 주변 상황이 안전하다고 느끼는 데 충분한 역할을 해줍니다. 그 안전감은 아이의 자존감에 중요한 한 축을 담당하게 됩니다.

아이들은 혼자 놀더라도 일정한 순간이 되면 주변을 살핍니다. 엄마나 아빠, 즉 양육자가 곁에 있는지 확인합니다. 안전감 확보를 위한 주의 기울임이지요. 이때 주 양육자가 곁에 없다면 상당한 불안감이 생깁니다. 또 주변에 있어도 자신을 바라보지 않는 상황이 지속되면 아이는 불안해집니다. 이러한 불안이 누적되면 자기안전감이 낮아지고, 안전감이 낮은 상태의 아이는 자연스럽게 자존감이 하락합니다.

하지만 엄마나 아빠가 책을 읽어주는 순간만큼, 또는 같이 놀아주는 시간만큼은 불안할 이유가 없습니다. 앞서 언급한 주의 기울임조차 필요 없습니다. 책을 읽어주는 양육자가 바로 곁에 있기 때문입니다. 그것도 사랑과 정성이 담긴 목소리로 읽어줍니다. 그렇게 주의 기울임이 없어도 되는 상황이 자주 지속될 때 아이의 내면에 자기안전감이 급속도로 형성됩니다. 그 안전감을 토대로 자존감이 성장합니다.

어린 시절 부모가 자주 책을 읽어주던 아이는 깊은 안전감을 통해 자존감의 중요한 요소를 확보하게 됩니다. 그런 과정에 푹 빠져 있던 아이들은 나중에 스스로 책을 읽을 수 있게 된 상황에서도 비슷한 안전감을 느낍니다. 혼자 책을 읽고 있으면서도 편안하고 안정적이고 깊은 사색과 통찰이 이루어집니다. 그러한 통찰은 자존감을 더욱 굳건하게 해줍니다.

부모의 책 읽어주기를 통한 독서의 첫 출발은 자녀에게 안전감을 선사합니다. 안전감은 자존감으로 연결됩니다. 이렇게 형성된 자존감은 삶 전반에 영향을 줍니다. 이러한 패턴은 아이의 문제 해결 과정에도 영향을 줍니다. 아이가 뭔가 힘겨움을 느낄 때, 자연스럽게 책을 통해 해결 방안을 찾고자 시도하게 됩니다. 책을 읽는 과정 자체에서 어린 시절 느꼈던 안전감을 다시 맛보고 다시금 자아를 느낍니다. 그 자아는 현재의 문제들을 받아들이고 용기를 얻고 다시금 자리에서 일어납니다.

독서는 안전감을 주고 안전감은 자존감을 세웁니다. 우리 아이들에게 단순하면서도 살아가는 데 큰 힘이 되는 패턴에 익숙하게 해주시기 바랍니다. 그 시작은 책을 읽어주는 겁니다.

좋은 독서는
'메타인지'를 활성화한다

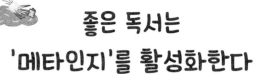

문제는 인지해야 해결된다.

오봉근, 《메타인지, 생각의 기술》

감정을 느끼는 것과 알아차리는 것 사이에는 어떤 차이가 있을까요? 아주 사소한 듯 보이지만 그 둘의 차이는 살아가는 데 큰 영향을 줍니다.

'감정을 느낀다.'

'감정을 알아차린다.'

감정을 느끼기도 하고 알아차리기도 하고 서로 혼합된 것 같지만, 엄밀히 살폈을 때 감정을 느끼는 것과 감정을 알아차리는 것은 다릅니다. 평소 그 둘을 구분할 줄 아는 것은 변화의 여지가 있다는 것과 같습니다. 자세히 설명하면 이렇습니다.

현재의 감정을 느끼는 것은 내가 지금 무의식적으로 그 감정 안에 머문 상태를 말합니다. 즉, 우울한 감정을 느끼는 것은 지금 우울한 상태에 머물러 있는 것과 같습니다. 하지만 감정을 알아차린다는 건, 지금의 감정 상태를 직관적(直觀的)으로 인지(認知)한다는 겁니다. 예를 들어, 어떤 상황에서 감정에 머물러 있다 스스로 말을 걸듯 중얼거립니다. 또는 혼자 마음속으로 말합니다.

'내가 지금 우울한 상태구나.'
'내가 지금 화가 났구나.'
'내가 지금 슬프구나.'
'내가 지금 외롭구나.'

이러한 표현은 지금 자신의 감정상태를 구체적으로 인지하고 표현한 겁니다. 감정을 느끼면서 머물러 있는 상황에서는 변화의 여지가 없습니다. 그냥 그 상태에 머물러 있습니다. 그런데 이러한 표현들처럼 감정을 직관적으로 인지하면 그다음 의식적인 선택을 할 수 있게 됩니다. 계속 우울한 상태에 머물러 있을지, 그 상태에서 빠져나오려 시도할지 말이지요. 그래서 사람이 스스로 변화하기 위해서는 '알아차림'이 필요합니다.

어린 시절부터 이 '알아차림'이 연습되지 않으면 몸에 익히기 어렵습니다. 이러한 직관적 '알아차림'이 습관적으로 자연스럽게 일어날 수 있도록 해야 합니다. 그렇게 되면 '알아차림'을 통해 현재 나의 위치를 파악할 수 있게 되고 스스로 방향성을 잡게 됩니다.

심리학에서는 이러한 '알아차림', 즉 자신의 위치를 스스로 파악하는 힘을 메타인지(metacognition)라고 합니다. 또는 상위인지(上位認知)라고도 하지요. 내가 나를 떨어뜨려 놓고 위에서 내려다보듯이 살펴보는 힘을 말합니다. 내가 잠시 거리감을 두고 나를 살펴보는 겁니다. 이 과정은 일종의 조망(眺望) 능력과 비슷합니다. 높은 곳에서 주변을 조망함으로써 현재 나의 위치를 알게 됩니다. 그 위치를 알게 되면 어디로 어떻게 가야 할지 정할 수 있게 되지요.

아이들이 이러한 조망 능력을 자연스럽게 익히는 과정이 바로 책 읽기에 있습니다. 독서는 조망 능력을 자연스럽게 연습하게 합니다. 아이들은 책을 읽으면서 메타인지를 키웁니다. 책을 읽는다는 것 자체가 책속의 그림과 글자를 아이들의 시선으로 내려다보는 행위입니다. 위에서 아래를 향해 내려다봅니다. 조망하듯 책을 보게 됩니다. 특히 어린 시절 동화책 그림을 구석구석 살펴보는 행위는 메타인지 능력 발달을 촉진합니다. 그렇게 책 속의 상황을 조망하듯 살펴보다가 위험을 알아차리고 주인공에게 말해줍니다.

"토끼야, 그쪽으로 가면 안 돼. 거기에 여우가 있어!"

이렇듯 조망하고 인식하면 다음 상황이 예측 가능해집니다. 성장하면서 이러한 상황인식을 자신에게 적용하고 결국 자신을 조망하게 됩니다. 현재의 내 상황을 정확하게 파악할 수 있게 되지요.

메타인지가 높은 아이들은 어떤 문제 상황을 직면했을 때, 내가 그 문제를 풀 수 있는 능력이 있는지 없는지를 알아차립니다. 그래서 상황에 맞게 대처하기 쉽습니다. 내가 부족한 부분을 거의 명확히 인지하기 때문에 그 부분에 대한 집중적인 보완 및 수정을 할 수 있습니다.

메타인지가 낮은 아이들은 내가 할 수 있다고 느끼는 것과 실제로 내가 할 수 있는 것의 격차가 큽니다. 주어진 문제 상황에서 자신의 위치를 파악할 수 없기 때문에 오판하게 될 가능성이 큽니다. 충분히 해결할 수 있다고 여겨 미리 준비하지 못하거나, 충분히 해결할 수 있음에도 불구하고 불가능하다고 판단하고 포기해버립니다.

독서는 어휘력 습득 정도의 가치가 있는 것이 아닙니다. 물론 어휘력도 매우 중요합니다. 그러나 일상 안에서 마주하는 문제들을 해결하는 과정은 '어휘력'이 아닌 '현재의 위치를 알아차리는' 메타인지에 달려 있습니다. 메타인지를 활용하는 방법은 독서의 과정을 통해 자연스럽게 획득할 수 있습니다. 메타인지는 독서를 통해 얻을 수 있는 매우 탁월한 능력 중 하나입니다.

아이와 함께 책을 읽으면서 자주 이런 질문을 해주시는 것이 좋습니다.

"네가 보기에 여우의 판단이 어떤 것 같아?"
"너라면 토끼의 상황에 있을 때 어떻게 했을 것 같아?"

이는 내가 나를 떨어뜨려 놓고 주변 상황의 어떤 위치에 있는지를 연습하게 하는 좋은 메타인지적 질문이 됩니다. 그런 독서를 하는 아이들은 어른이 되어 자신에게 스스로 이렇게 말할 줄 아는 사람이 됩니다.

"내가 지금 무리했구나. 좀 쉬었다 가자."
"내가 지금 절반쯤 왔구나. 좀 더 시도해보자."
"내가 지금 거의 다 왔구나. 끝마치기 전에 한 번 더 확인해보자."

내가 지금 있는 현재 상황을 안다는 건, 지금에 가장 충실한 모습을 보이는 것과 같습니다. 그러한 과정은 메타인지를 통해 가능하고, 메타인지는 어린 시절부터 지속된 독서와 사색을 통해 익숙해집니다.

아이의 뇌를 깨우는
독서 스킨십

독서는 선천적인 능력이 아니다.

인류가 독서를 발명해낸 것은 불과 수천 년 전이다.

인간은 이 발명품을 통해 뇌 조직을 재편성했고

그렇게 재편성된 뇌는 인간의 사고 능력을 확대했으며

그것이 결국 인지 발달을 바꾸어놓았다.

매리언 울프, 《책 읽는 뇌》

심리학에 대상항상성(object constancy)이라는 개념이 있습니다. 자녀와 그 자녀를 보살피는 보호자(아이 입장에서는 어떤 대상)와의 내적 발달 관계를 설명하면서 자주 등장하는 이론입니다.

처음에 아이들은 눈앞에 보이는 대상(보호자)에 대한 신뢰도가 낮습니다. 왜냐하면 자주 사라지기 때문입니다. 하지만 아이가 어떤 불편한 상황에서 울거나 움직이며 자신의 상태를 표현했을 때, 대상이 나타나 지속적인 돌봄을 줍니다. 이런 과정이 아이 입장에서 예측 가능해질 때 점차 대상항상성이 생깁니다. 여기서 예측 가능해진다는 의미는 상대방에 대한 신뢰도가 높아진다는 것과 같습니다.

특히 욕구를 채워주는 과정 중에 일어나는 대상과의 신체접촉은 아이로 하여금 지금 내 앞에 있는 대상이 믿을 만하며, 언제든 기꺼이 나를 도와준다는 안정감을 형성합니다. 안정감은 대상이 눈앞에 있든 없든 유지되는데, 이것을 대상항상성이라고 생각하면 됩니다.

대상항상성은 보통 3세 이전에 형성되는데, 늘 자녀에게 긍정적으로 자리 잡는 건 아닙니다. 대상에 대한 신뢰도가 낮은 상황으로 자리 잡게 될 때도 많습니다. 특히 신체접촉이 적은 아이들의 경우 그들이 지닌 대상항상성은 상당히 부정적입니다. 자신은 언제든 위험에 노출될 수 있으며, 그러한 위험에서 보호받지 못하기 때문에 민감한 모습을 보이기도 합니다. 친구 관계에 있어서도 대상을 떠나지 못하게 강하게 통제하거나 어차피 버려질 것이라는 두려움에 먼저 상대방 앞에서 사라지기도 합니다.

이렇게 영유아기에 대상항상성이 긍정적으로 굳건하게 자리 잡지 못한다면, 일반적인 상황에서 대상항상성의 친밀도를 높이는 건 쉽지 않습니다. 이미 무의식적으로 강한 불신이 각인되었기 때문입니다.

대부분의 부모가 아이를 처음 낳을 즈음, 아직 안정적인 자리매김을 못 할 위치에 있습니다. 즉, 맞벌이 상태도 많고, 누군가에게 아이를 맡긴 채 저녁이 되어서야 지친 모습으로 집에 들어옵니다. 아이 입장에서는 일정한 대상과의 스킨십이 부족할 경우가 많은 것이지요. 결국 대상항상성의 신뢰도가 낮은 경우가 많게 됩니다.

자녀가 태어나고 36개월 동안 충분한 스킨십을 통한 애착 및 신뢰감 형성이 어려웠다면, 그로 인해 대상항상성의 신뢰도가 그리 긍정적이지 못하다면, 그것을 극복할 좋은 방법이 있습니다. 바로 책을 자주 재미있게 읽어주는 겁니다. 그 상황에서는 책을 읽어주며 무언가 질문하기보다는 함께 책을 읽고 있는 이 시간이 너무 좋고 행복하다는 느낌을 주는 것이 중요합니다.

책을 읽어주는 과정이 신체접촉 및 스킨십과는 별 연관이 없다고 생각할 수도 있습니다. 하지만 근본 원리는 비슷합니다. 바로 '뇌 활성화'

입니다. 신체접촉 및 스킨십의 목적은 '뇌 활성화'에 있습니다. 접촉을 통해 신경전달물질이 뇌를 자극하고 활성화하는 것입니다. 이러한 자극들은 뇌를 발달하게 해줄 뿐 아니라 관련된 정서적 안정감 및 상대방에 대한 신뢰를 갖게 합니다.

책을 읽어주는 과정도 마찬가지입니다. 부모가 책을 읽어주는 과정은 '뇌 활성화'에 큰 도움이 됩니다. 뇌과학 전공 가와시마 후토시 교수(도호쿠대학 미래과학기술공동연구센터)가 뇌과학 관련 국제학회에 독서와 뇌 활성화 관련 연구를 발표했습니다. '독서가 두뇌를 활성화시켜 두뇌 능력이 향상된다'는 내용입니다. 더불어 "책을 읽으면 인간다운 감정 및 주의력, 창조성, 커뮤니케이션 등과 관련 있는 전두전야가 활성화된다"고 말합니다.

여기서 우리는 인간다운 감정에 주목할 필요가 있습니다. '뇌 활성화'는 학습 및 인지 능력의 상승만을 의미하는 것이 아닙니다. 다양한 감정을 일으키기도 하고 감정에 반응하기도 하는 기능 또한 높여줍니다. 결국 감정에 대한 공감력 또한 '뇌 활성화'를 통해 가능하다는 것이지요. 거꾸로 거슬러 올라가면, 독서를 통해 뇌가 활성화되고, 그 결과는 공감, 신뢰감, 정서적 안정에 기여하게 된다는 의미가 됩니다.

2020년 코로나로 인해 학생들이 장기간 온라인 수업을 받아야 하던 시기였습니다. 학교 수업 내용과 별도로 중간중간 직접 책을 읽어주는 영상을 만들어 온라인 원격 수업 내용에 첨부했습니다. 추후 학생들의 일기장 반응을 보고서 놀랍다는 생각을 했습니다. 한 학생의 일기장에 이렇게 적혀 있었습니다.

"동영상으로 책을 읽어주셨는데 답답한 마음이 뚫리는 것 같았다."

코로나로 인해 집 밖으로 나가지도 못하고, 학교에서 친구들과 놀지도 못하는 상황이 절정에 달했던 시기, 단순히 책 읽어주는 영상만으로 아이는 잠시나마 해방감이라는 감정을 만끽할 수 있었습니다.

독서는 가만히 앉아서 책을 읽고 있기 때문에 정적인 활동이라고 생각할 수 있습니다. 하지만 우리의 뇌는 독서를 고요하고 가만히 있는 활동으로 여기지 않습니다. 스킨십을 하듯, 타인과 격렬하게 접촉이 일어나는 것과 비슷한 정도의 역동성으로 받아들입니다. 특히 직관적 사고가 강한 초등 및 그 이전의 독서 활동은 간접경험 이상의 직접적 체험으로 아이의 뇌는 인식하게 되는 것이지요.

그래서 초기 독서 활동은 아이들에게 어렵습니다. 뇌에 많은 에너지가 소모될 만큼 힘든 일입니다. 누군가 읽어주는 단계를 지나, 더듬거리며 스스로 읽는 순간들도 지나고, 스스로 읽는 데 무리 없을 만큼의 어휘력을 갖추고 있다고 해도, 파생적으로 발생하는 사고 및 고찰, 감정의 흐름 등이 뇌를 더없이 역동적으로 만듭니다. 바꿔 표현하면, 독서하는 순간만큼 아이들은 생생하게 살아 있음을 알게 됩니다. 독서는 땀 흘리는 것만큼 역동적입니다.

아이들이 집 안에서 답답해하고 있다면, 망설이지 말고 큰 소리로 실감나게 책을 읽어주시기 바랍니다. 아이들의 '뇌'는 보이지 않는 땀을 흘리게 될 겁니다. 그건 아이들에게 노는 것 이상의 해소감을 안겨줍니다.

좋은 질문을 이끌어내는
확산적 사고

모든 공부는 독서로 통한다.

송재환, 《초등 1학년 공부, 책 읽기가 전부다》

초등학교에는 보통 학기에 한 번씩 학부모 공개수업이 있습니다. 학부모 공개수업에 참여한 학부모님들의 시선은 대부분 자녀에 머뭅니다. 우리 아이가 수업에 집중하고 있는지 살펴봅니다. 그리고 얼마나 많은 발표를 하고 수업 중 선생님의 질문에 멋지게 대답하는지에 관심을 갖습니다. 더 나아가 궁금한 것들을 적극적으로 질문하기를 바랍니다. 하지만 부모의 마음을 만족시키는 아이가 학급에 몇 명쯤 될까요?

안타깝지만 그런 모든 조건을 만족시키는 아이는 많아야 10퍼센트 정도입니다. 특히 수업 중 담임교사에게 좋은 질문을 던지는 아이는 단 5퍼센트 정도입니다. 여기서 좋은 질문이란, 아이가 수업 내용을 충분히 이해한 상태에서 나오는 질문입니다. 수업 내용을 충분히 이해하면 더 이상 모르는 것이 없기 때문에 질문이 없을 것 같지만, 정말 깊이 있게 이해한 아이일수록 수업 중에 좋은 질문을 쏟아냅니다.

몇 년 전 5학년 사회 시간, 역사에 관심이 많은 정우는 조선 말기 실학자들의 등장을 배울 때 이런 질문을 던졌습니다.

"선생님, 고려 말 신진 사대부들은 조선을 건국할 때, 불교가 아닌 유교를 공부했잖아요. 그러면서 실질적으로 백성들을 이롭게 할 연구를 했다고 했는데, 조선 말에는 왜 유교가 아닌 실학이라는 학문이 또 나온 건가요? 조선 후기에는 유교가 실질적 학문이 아니었나요?"

이 정도 질문이면 정우는 고려 말의 시대 상황부터 조선 건국 과정, 그리고 조선 후기의 역사를 쭉 꿰뚫고 있다고 볼 수 있습니다. 정우의 이런 힘은 평소 쉬는 시간마다 펼쳐 읽는 역사 관련 독서에 있었습니다.

정우처럼 관심 분야의 책을 스스로 읽는 아이들의 특징이 있습니다. 그들은 궁금한 것이 생겼을 때 망설이지 않고 물어봅니다. 꼭 책을 읽다가 모르는 것이 나왔을 때만 물어보는 것이 아닙니다. 수업이나 대화 중에 궁금한 것이 떠오르면 그 자리에서 물어봅니다. 말이 별로 없고 내성적인 아이라 할지라도 매일 일정 시간 꾸준히 책을 읽는 아이는 질문에 대해서는 내성적인 모습을 보이지 않습니다. 오히려 내향적일수록 자신이 무엇을 모르는지 더욱 명확히 인지하기 때문에 질문 자체도 명확합니다.

독서를 꾸준히 하는 아이들은 왜 이런 모습을 보일까요? 아이들에게 독서는 단순히 지식을 습득하는 책 읽기가 아니고 모르는 것을 탐구하는 탐험에 가깝기 때문입니다.

독서가 습관이 되기까지는 대부분 독서 과정을 케어해주는 사람이 옆에 있습니다. 독서 과정의 케어라고 해서 전문적인 교육이 아닙니다. 아이들 옆에서 책 읽어주기를 반복한 엄마 아빠입니다. 더불어 아이들은 엄마 아빠가 읽어주는 책 내용을 들으며 중간중간 대화하고 질문하고 대답하는 과정에 매우 익숙해집니다. 엄마 아빠가 책을 읽어주는 과정에서 질문은 필연적으로 따라옵니다. 반대로 표현하면 독서에 익숙하지 않은 아이들은 무엇을 질문해야 하는지도 잘 모릅니다.

깊이 있는 질문뿐 아니라 '확산적 사고(擴散的 思考)'에 있어서도 독서를 많이 하는 학생들은 높은 성취도를 보입니다. 확산적 사고란 쉽게 표현해서 다양한 아이디어를 쏟아내는 과정입니다. '확산적 사고'는 문제 해결의 과정에서 다양한 방법들을 찾아내는 데 유용하게 쓰입니다. 예를 들어, 아이들에게 질문을 합니다.

"음료수 캔을 마시려고 하는데, 캔에 붙어 있는 따개가 부러졌어요. 어떻게 하면 음료수를 마실 수 있을지 다양한 방법들을 생각해보세요."

이 질문에서 아이들은 많은 대답을 생각해냅니다. 캔 옆 부분을 칼로 자른다거나, 그보다는 송곳으로 찔러 구멍을 내는 게 더 쉽다거나, 심지어 그냥 다른 걸 다시 사온다거나 등의 다양한 대답을 쏟아냅니다. 이렇게 마치 브레인스토밍처럼 다양한 해결방법들을 쏟아내는 과정이 확산적 사고입니다.

이러한 확산적 사고를 잘하는지 그렇지 않은지는 위와 같은 질문에서 일단 얼마나 다양한 방법들을 제시하느냐를 통해 확인할 수 있습니다. 하루는 확산적 사고를 할 수 있는 질문을 주고 최대한 많은 방법을 생각해서 적어보라고 했습니다. 그중 5가지 이상의 방법들을 떠올린 아이들의 명단을 따로 분류했습니다. 여기서 5가지 이상의 방법이 모두 다 성공적인 좋은 방법의 제시를 의미하지는 않습니다. 하지만 적어도 불확실성 안에서 최대한 다양한 방법들을 생각해내는 과정은 확산적 사고를 하고 있다는 증거가 됩니다.

그 아이들의 명단을 들고 학교 도서관에 전화를 걸었습니다. 그리고 우리 학급 아이들의 학교 도서관 도서 대출 현황을 요청해서 비교해보았습니다. 비교해본 결과 상당 부분 연관성이 있었습니다. 도서 대출이 많은 아이들의 경우, 다양한 해결 아이디어를 더 많이 제시하고 있었습니다. 그들은 다른 아이들에 비해 확산적 사고를 더 잘하는 모습을 보였습니다. 학교 도서관에서 대출 현황이 높지 않은 아이들 중에서도 확산적 사고 결과가 높은 아이가 있었습니다. 그들을 따로 불러서 어느 정도의 독서를 하는지 확인했을 때, 그들은 학교 도서관에서 책을 빌리지 않지만 집에서 충분한 양의 책을 읽고 있었습니다.

다양한 아이디어와 방법들을 제시한 아이들을 보면, 그저 반짝이는 아이디어를 창조해내는 창의력이 높은 아이라고 생각할 수 있습니다.

그들은 기발한 생각을 잘해내는 그런 어떤 특출난 능력을 지닌 것이라 여길 수 있습니다. 하지만 그들이 그런 확산적 사고를 할 수 있었던 것은 독서를 통해 많은 정보가 이미 내재해 있었기 때문입니다. 그들은 꺼내서 사용할 수 있는 많은 도구 및 재료들을 지니고 있었다는 의미입니다. 재료가 색종이밖에 없다면 색종이를 활용한 방법 말고는 다른 것을 생각하지 못합니다. 하지만 색종이, 색연필, 가위, 풀, 찰흙, 도화지 등 재료가 많을수록 더 많은 해결방법들을 떠올릴 수 있습니다. 사고 과정에서 그러한 재료들은 독서를 통해 습득됩니다. 독서를 많이 할수록 간접경험이 많아지고 간접경험을 통해 쌓인 경험의 양이 많을수록 그 아이는 문제 상황에 대응하는 다양한 방법들을 쏟아낼 수 있게 되는 것입니다.

확산적 사고는 어떤 특별한 사유방법을 배움으로써 키우는 것이 아닙니다. 많은 재료들을 독서를 통해 쌓아놓고 있을 때 발휘될 수 있는 사고 과정입니다. 아이들의 독서량이 많을수록 마주하는 문제 앞에서 확산적 사고를 할 가능성이 높아집니다. 확산적 사고를 많이 할수록 풀기 어려운 문제에 대한 새로운 해결방안을 제시할 가능성이 높아지지요. 결국 독서는 자녀의 문제 해결 능력을 높여주는 좋은 도구가 됩니다.

공부 습관은
독서 시간에 비례한다

공부 잘하는 학생들은 대부분 공부 습관이 잘 잡혀 있다.

일상의 시간 계획은 이미 습관이 되어서

시스템이 저절로 돌아가는 듯 진행된다.

류종렬 외, 《대치동 최상위권 공부의 비밀》

학교에서 아이들을 지도하는 선생님과 학원에서 아이들을 가르치는 선생님의 특징이 있습니다. 몇 년간 아이들을 관심 있게 관찰하다 보면 새롭게 만난 아이라도 며칠 만에 개별 학업성취에 대한 예상이 가능해진다는 것입니다. 이 말은 공교육이든 사교육이든 학업성취가 높은 아이들은 공통된 높은 '공부 습관'을 지니고 있다는 의미가 됩니다.

그 아이들은 어떻게 해서 좋은 공부 습관을 가지게 되었는지 알아야 합니다. 공부 습관에 대해 공교육에 종사하는 이들은 공교육 쪽으로, 사교육에 몸 담고 있는 이들은 사교육 방향으로 점수를 주는 경향이 있습니다. 공교육과 사교육 모두 점수로 환산하면 90점 이상 줄 수 있습니다. 그런데 정말 최상위 점수는 가정에서 기인합니다. 공부 습관과 관련하여 잠깐 아이들의 시선에서 공교육과 사교육을 바라보겠습니다.

먼저 부모 입장에서 공교육과 사교육은 구별됩니다. 공교육은 무엇을 가르칠 것인가에 대해 부모의 선택권이 없습니다. 국가에서 교육 과정을 만들고 적용합니다. 심지어 초등교육은 의무이기 때문에 어느 정도 강제성을 띠고 있다고 할 수 있습니다. 대신 가정에서 부담하는 비용이 거의 없습니다. 반면 사교육은 무엇을 교육할지에 대해 전적으로 부모에게 선택권이 있습니다. 우리 아이에게 필요한 부분에 대한 맞춤 교육을 지정할 수 있지요. 하지만 상당한 비용이 들어갑니다.

아이 입장에서는 어떨까요? 아이들 관점에서 공교육이나 사교육은 별반 차이가 없습니다. 둘 다 아이들에게는 선택권이 없습니다. 그리고 비용 또한 그들의 시선에서는 공교육이든 사교육이든 신경 쓰이지 않습니다. 나라에서 교육하든 부모가 돈을 지불하든 아이가 아닌 다른 누군가 책임져줍니다. 어떤 교육이든 무료인 셈이지요. 결국 아이들에게 공교육이든 사교육이든 그냥 공부의 연장선상일 뿐 그 이상도 이하도 아닙니다. 오히려 부모의 선택에 의한 사교육을 더 거부하는 경향을 보일 때가 많습니다. 학교는 그나마 친구랑 놀 수 있는 점심시간이 있지만, 사교육 학원은 없기 때문입니다. 과제의 양도 학교보다 학원이 훨씬 더 많은 추세입니다.

공교육과 사교육에 대해 부모의 입장과 자녀의 관점을 확인하는 이유는 '투자 대비 수익성'에 대한 관심이 서로 다르기 때문입니다. 부모 입장에서는 사교육이라는 특별한 교육을 선택했습니다. 그것도 비싼 투자를 했습니다. 그렇기에 사교육에 들어가는 비용 그 이상의 효과를 아이들에게 기대합니다. 아이가 학교에서 영어를 더 잘하거나, 수학에 뛰어난 역량을 보이길 바랍니다. 즉, 학습성취를 수익성으로 생각합니다. 하지만 아이 입장에서는 사교육이라고 해서 별반 성취도를 더 올려야 한다고 생각하지 않습니다. 오히려 공교육보다 더 받기 싫은 수업이라고 생각할 때가 많습니다. 학교의 일과를 마치고 지친 몸과 마음으로 수업을 더 듣는다는 것만으로 사교육은 아주 싫은 일과가 됩니다.

사교육과 학습성취 관련성에 대한 교육논문들을 살펴보면 두 가지

양상으로 나뉩니다. 아이들이 사교육에 들인 시간에 비해 그다지 학업성취에 영향을 주지 못한다는 논문, 반대로 그래도 나름 유의미한 정도의 학업성취에 영향을 준다는 논문입니다. 어느 연구 결과가 더 합당한 걸까요? 둘 다 합당하면서 모순을 지니고 있습니다. 이유는 이렇습니다.

일단, 공교육이든 사교육이든 교육을 받는 것 자체는 학업성취에 유의미한 영향을 줍니다. 특히 초등학교 저학년일수록 영향을 더 많이 받습니다. 저항의 강도가 세지 않고 아이들 관점에서 선생님의 말은 능력자의 말이기 때문에 신뢰도 또한 높습니다. 한편 사교육에 들인 시간에 비해 그다지 학업성취에 영향을 주지 못한다는 연구 결과는 이렇습니다. 결국 학습 자체는 스스로 몰입하고 집중하고 계획 및 정리 암기가 뒷받침되어야 합니다. 하지만 사교육 받는 시간 동안은 스스로 몰입하기보다는 타인에 의해 안내됩니다. 타인에 의해 안내된 교육에 의존하다 보면 자기주도적인 학습력이 약해집니다. 이건 공교육에 대해서도 같은 방법으로 연구를 진행해도 똑같은 결과를 가져올 겁니다.

어떤 연구 결과도 방향성과 목적이 있습니다. 일단 학업성취도가 높아진 결과에 초점을 두면 공교육이든, 사교육이든 효과가 있습니다. 반면, 타인이 아닌 스스로 공부한 학습을 비교 대상에 두면 효과는 낮습니다. 어느 쪽에 더 무게를 두어야 할까요? 그에 대한 해답은 의외로 비교 대상에 두지 않았던 제3의 장소에 있습니다. 바로 가정, 더 콕 집어서 말씀드리면, 독서 습관에 있습니다.

독서와 학습과의 관련성에 대한 연구논문들은 하나같이 한 방향을 말하고 있습니다. 결론은 한 가지입니다.

"독서는 학습력에 유의미한 영향을 준다."

앞에서 언급한 대로 사교육도 학습력에 유의미한 영향을 줍니다. 그런데 많은 교육논문들이 말하는 방향은 이렇습니다.

"사교육이 학습력에 유의미한 영향을 준다. 그런데 독서가 학습력에 주는 영향이 더 크다"

〈초등학생의 사교육 시간과 독서 시간이 학업성취에 미치는 영향〉(청소년 복지 연구논문, 2020)에서는 이렇게 말하고 있습니다.

"학습 습관을 통한 간접효과에 있어 독서 시간이 사교육 시간보다 큰 영향을 미친다는 점에서 초등학생의 학업성취를 위해서는 독서 시간의 활용이 의미 있음을 보여주는 것이다."

개인적으로 '사교육을 장려'하고 싶은 생각은 없습니다. 그렇다고 '공교육이 답이다'라고 말하고 싶은 생각도 없습니다. 바쁜 부모의 일상 때문에 또는 도저히 가정에서 학습에 신경을 써 줄 수 없기에 사교육을 보내는 학부모도 많습니다. 그렇지 않더라도 일단 사교육을 통해 학습 습관을 잡아줄 역할을 기대하기에 적극적으로 사교육을 하는 경우도 많습니다.

이렇게 사교육을 할 수밖에 없는 상황이라면, 그리고 공교육을 기본으로 하는 것이 보편적 모습이라면, 어떤 경우든 그 교육 효과를 극대화시키는 방향으로 해야겠지요. 그 방법은 '독서력'에 있습니다. 대부분의 교육이 자녀의 '학습력 증진'에 목표를 두고 있다고 가정했을 때, 독서력을 겸비한 아이들은 그 효과를 극대화합니다.

최근 들어 문해력이 주목받고 있습니다. 또한 문해력 증진을 위한 교육 서적, 교육 방송이 많이 나오고 있습니다. 이유는 기성세대가 생각하는 것 이하로 아이들의 어휘력이 낮기 때문입니다. 어휘력이 낮으면 당연히 문장을 이해하는 능력이 떨어지고, 문장 이해가 어려우면 혼자 공부하는 습관은 불가능합니다. 그 문제를 해결하는 데 초등 시기 독서는 큰 힘을 발휘합니다.

앞에서 언급한 바대로 수많은 교육논문 및 연구가 있습니다. 연구를 진행한 주체에 따라 공교육을 강조하기도 하고, 그래도 사교육이 유의미한 효과가 있다고 발표하기도 합니다. 서로 상반된 의견으로 다투고 있지만, 어떤 연구든 독서에 관련해서는 한목소리로 연구 결과를 발표합니다.

"독서만큼 유의미한 학습 습관을 정착하는 데 큰 도움을 주는 도구는 없다."

초등 4학년이었던 것으로 기억합니다. 교실에서 아침 독서 시간 책을 읽고 있는 한 학생을 보았습니다. 그 아이가 책을 읽고 있는 자세를 보는 순간 스치고 지나가듯 예상되었습니다. 독서하고 있는 모습만 보았을 뿐인데, '앞으로 이 아이는 학습을 지속적으로 완주해 나가겠구나' 하는 생각이 들었습니다. 9년 뒤, SNS에서 어느 유명 대학에 재학 중인 그 아이를 보았습니다. 독서하는 아이에 대한 예상은 크게 빗나가지 않습니다. 독서는 없이 문제집만 풀고 있는 아이들은 예상할 수 없습니다. 그때그때 다릅니다.

3장

공부를
습관으로 만드는
독서력 키우기

아이들이
책을 읽지 않는 이유

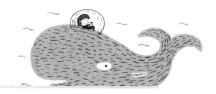

순식간에 책장이 넘어가고 시간이 훌쩍 흘러가 버리는 경험,

이전의 나와는 다른 내가 되는 경험,

다른 사람과 영혼이 공명함을 느끼는 경험,

책 속의 세계로 빠져들어 내가 책의 일부가 되어버리는 경험…

책은 그런 경험을 우리에게 줍니다.

한 번 그런 경험을 한 사람은 다시는 책으로부터 벗어날 수 없습니다.

박현희, 《이렇게 재미있는 책이라면》

책을 좋아하는지 싫어하는지는 교실에서 아이들을 관찰하다 보면 금방
알 수 있습니다. 누가 책을 싫어하고 좋아하는지는 어느 정도 알고 있
었지만, 수업 중에 직접 물어보았습니다.

"책이 싫다고 느껴지는 친구?"

책이 싫다고 손을 들어도 될지 말지 망설이던 아이들이 주변을 둘러봅니다. 잠시 정적이 흐른 후 몇 명이 손을 듭니다. 누가 책을 싫어하는지 알기 위한 질문이 아니었습니다. 그렇게 자신을 개방한 아이들에게 추가 질문하기 위해서였습니다.

"재민이는 책이 싫다고 여기는구나. 괜찮아요. 책이 좋을 수도 있고 싫을 수도 있어요. 좋고 싫고는 잘못이 아니에요. 그런데 선생님이 궁금한 게 있는데… 혹시 책이 싫은 이유를 말해줄 수 있니?"

잠시 머뭇거리더니 짧게 대답합니다.

"공부가 싫어서요."
"아~ 그랬구나. 그럼 책이 싫을 수 있지."

책이 싫은 이유를 물었는데 공부가 싫다고 답했습니다. 재민이뿐 아니라 많은 아이들이 책을 '공부'라고 생각합니다. 그래서 책을 싫어합니다.

몇 년 전, 제가 재직하고 있는 학교에서 전교생(약 300명)을 대상으로 직접 설문을 했습니다. 크리스마스 선물에 대한 설문이었습니다. 다가오는 크리스마스에 가장 받고 싶은 선물과 받고 싶지 않은 선물을 적어내는 설문이었습니다. 저학년, 중학년, 고학년 모두 공통적으로 받고 싶지 않은 크리스마스 선물 목록에 '책'이 들어 있었습니다. 책이 싫다고 한 이유는 다음과 같았습니다.

"공부하라고 하는 것 같아서."
"읽고 나면 독후감을 쓰라 할 것 같아서."
"공부에 관련된 책일 것 같아서."

책을 떠올리는 순간 공부, 즉 '학습'과 연관되면 독서교육은 실패한 것과 다름없습니다. 그 아이들은 평생 책을 읽지 않을 가능성이 매우 높습니다. 책은 아이들에게 즐거운 어떤 것이 되어야 하고, 그래야 독서 습관으로 자연스럽게 이어집니다.

아이들에게 책 읽는 습관이 아직 자리 잡지 못한 것과 책을 싫어하는 것에는 큰 차이가 있습니다. 책 읽는 습관을 기르기 위해서는 최소한의 전제 조건이 필요합니다. 책에 대한 거부감이 없어야 하는 것이지요. 그런데 초등 중학년 이상이 되면 이미 책에 대한 강한 거부감(책이 싫다는 강한 감정)을 가지고 있는 아이들이 많습니다. 그 아이들에게 책 읽는 습관을 교육하기란 무척 힘듭니다. 그 거부감의 중심에는 '책 읽기'를 '공부'와 같은 것이라고 각인시킨 독서 패턴에 있습니다. 책 읽기를 공부하듯 접근하면 아이들은 책을 싫어하게 됩니다.

독서가 주는 행복감을 느끼지 못한 채 독서를 공부를 위한 하나의 수단으로 여길 때 아이들은 책을 읽으려 하지 않게 됩니다. 특히, 공부가 입시를 위한 반복적 학습이라는 인식이 있는 이상, 그리고 책이 학습과 깊은 연관이 있다고 생각되는 순간, 책은 행복감이 아니라 스트레스의 대상이 됩니다. 이는 단지 지금뿐 아니라 아이의 삶 전반에 이어질 모습이 됩니다.

책을 읽으면 즐거운 이야기가 넘치고, 이야기 속에 빠져 있다 보면 시간이 가는 줄 모르는, 그런 기억이 많아야 합니다. 어린 시절 엄마나 아빠가 읽어주던 책에 대한 행복한 기억 없이, 초등학교에 입학하기 전부터 급하게 글자를 익히고 더듬더듬 힘겹게 읽어내야 했던 기억으로 가득한 아이에게 책이 좋아질 리 없습니다. 책 속의 글자를 틀리게 읽었다는 이유로 엄마에게 핀잔을 듣고, 작은 목소리로 더듬거리며 읽는다고 혼나던 아이가 책을 좋아하게 되기를 바라는 것은 오히려 이상한 일입니다.

아이들과 함께 책을 가까이하는 순간만큼은 학습하는 분위기를 만들지 않도록 유의해야 합니다. 거실 소파에서 비스듬히 앉아 과자를 먹으면서 읽어도 됩니다. 또 그런 편안한 분위기에서 엄마나 아빠가 읽어주는 책 이야기를 들어도 됩니다. 거실 바닥에 엎드려 책을 뒤적거려도 됩니다. 그러다 재미있는 그림이 나오고 그림 위에 무언가 덧칠하고 싶을 때 그렇게 해도 됩니다.

가끔 책에 낙서하거나 책장을 넘기다 찢어지는 경우에도 아이를 나무라지 않는 것이 좋습니다. 그냥 책을 보고, 넘기고, 책을 가지고 무엇을 하는 것 자체를 마음껏 허용하는 모습이 좋습니다. 아이들은 조심스럽게 다루어야 하는 물건은 오래 가지고 놀지 않습니다. 책은 조심스럽게 다루어야 할 대상이 아니라 마음껏 펼쳐보고 느껴보고 생각한 것을 끄적여보는 그런 대상이면 충분합니다. 책은 아이들에게 아주 편한 대상이 될수록 아이들이 한 번이라도 더 가까이하게 됩니다.

아이들은 책을 읽다 보면 다양한 생각과 아이디어가 떠오릅니다. 그래서 책을 읽다가 중얼거리기도 하고, 잠깐 관련된 무언가를 찾으려 방을 뒤지기도 합니다. 괜찮습니다. 책 읽다 말고 왜 딴짓을 하냐며 혼내지 마시기 바랍니다. 집중해서 끝까지 읽으라고 하기보다는 책을 읽다가 떠오른 번득이는 생각을 실천해보는 그 과정을 그대로 누리도록 하는 것이 좋습니다. 책을 읽다가 갑자기 기발한 생각이 떠올라 레고를 가지고 움직이는 자동차를 만들 수도 있습니다. 괜찮습니다. 그 경험은 책을 긍정적으로 인식하게 해주는 소중한 순간입니다.

책 속에 있는 글자가 아이의 머릿속에서 생각과 통찰을 일으키고, 그 과정에서 아이는 잠시 책을 멈추고 아이디어가 이끄는 대로 실행에 옮깁니다. 이러한 경험을 많이 한 아이는 앞으로도 매사에 같은 패턴으로 문제를 해결하고, 도전하고, 성취감을 느낄 수 있게 됩니다. 그 아이에게 책의 존재는 늘 새로운 아이디어를 꺼내게 도와주는 좋은 친구가 됩니다.

아이들이 책을 싫어하는 가장 큰 이유, 책 읽는 것을 학습을 위한 공부라고 느끼기 때문입니다. 책은 번득이는 생각을 꺼내 쓰는 좋은 도구이자 놀이터입니다. 우리 아이들에게 그런 기회를 충분히 누리게 해주시기 바랍니다.

아이의 무의식은
생각보다 힘이 세다

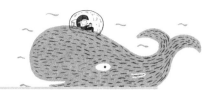

책을 읽는 습관이 일단 몸에 배면

-그런 습관은 많은 경우 젊은 시절에 몸에 배는 것인데-

그리 쉽사리 독서를 내던지지 못합니다.

가까이에 유튜브가 있건 3D 비디오게임이 있건,

틈만 나면 자진해서 책을 손에 듭니다.

무라카미 하루키, 《직업으로서의 소설가》

내면의 무의식은 경험에 의해 영향을 받습니다. 어떤 경험은 스치듯 지나가는 정도거나, 가랑비 젖듯이 차곡차곡 쌓이는 정도이지만, 어떤 경험은 한 번에 깊은 각인을 새기듯 강력한 영향을 주기도 합니다. 시기적으로 어릴수록 경험이 무의식에 주는 영향은 그 농도가 매우 짙습니다. 경우에 따라서는 평생 절대적인 영향을 주기도 합니다. 여기서 절대적이라는 표현은 그 경험을 통해 만들어진 무의식의 영향 아래서 벗어나기 어렵다는 뜻입니다.

아이들의 무의식 저장고는 무게감이 있습니다. 아이들이 의식적으로 무엇을 행한 것이 아님에도 불구하고 아이들의 삶의 패턴에 지속적으로 큰 영향을 주기 때문입니다. 아이들을 관찰하다 보면, 그들의 무의식적 행동들이 의식적 행동보다 훨씬 더 많이 일상을 좌우하고 있다는 생각이 듭니다.

평생 독서는 의지로 하는 것이 아닙니다. 이미 어린 시절 무의식적으로 책에 대한 분류를 끝냈기 때문입니다. 여기서 분류란, 책을 거부의 대상으로 삼을지 가까이 할 대상으로 삼을지에 대한 결론을 말합니다.

아이들이 책을 대놓고 싫어하는 경우는 많지 않습니다. 아이들은 적어도 '책을 싫어하면 안 된다'고 생각하기 때문입니다. 책에 대해 어떻게 생각하는지 물어보면 대부분 이렇게 대답합니다.

"어려운 책은 별론데 가끔 재밌는 책은 좋아요."

"책을 아주 좋아하진 않지만 그렇다고 싫어하지도 않아요."

"음… 책을 읽어야 한다고는 생각해요."

"똑똑해지려면 읽어야겠죠."

"많이 읽어야 한다고 생각은 해요."

책을 좋아하진 않아도 책이 중요하다는 건 엄마, 아빠, 선생님을 통해 직감적으로 느끼고 있습니다. 그래서 특히 저학년 아이들은 책을 의식적으로 거부하는 경우가 많지 않습니다. 대신 무의식적 행동을 보입니다. 책에 대해 무의식적 행동을 보인다는 건 그것을 통해 책에 대한 자신의 생각을 에둘러 표현하는 것과 같습니다.

책을 무의식적으로 거부하는 아이들이 있습니다. 무의식적인 행동이기 때문에 아이 본인은 그러한 사실을 모릅니다. 무의식은 자기 자신마저 속일 정도로 은밀합니다. 그리고 똑똑합니다. 그래서 늘 합당한 이유를 그럴듯하게 만듭니다. 책을 집어야 할 바로 그 순간 딴짓을 할 무언가를 찾습니다. 심지어 만들어내기도 합니다. 아침 독서 시간이면 그들은 다음과 같이 아주 확실한 이유를 이야기합니다.

"선생님, 머리가 좀 어지러워요. 보건실 좀 다녀올게요."

"선생님, 쉬가 마려워요. 화장실 좀."

"선생님, 민재가 교실에서 운동화 신고 있어요."

"선생님, 은서가 자꾸 저를 쳐다봐요."

그리 오래 걸리지도 않습니다. 단 일주일만 아침 독서 시간 아이들을 관찰하면 이와 같이 무의식적으로 독서를 거부하는 아이들의 패턴이 눈에 들어옵니다. 패턴을 조금씩 바꾸는 아이도 있습니다. 패턴이 바뀌어도 결국 아침 독서 10분이라는 시간을 어떻게 해서든 책을 읽지 않고 지나갈 핑계를 만든다는 것에는 변함이 없습니다.

특히, 수업 시간에 교과서를 거의 습관적으로 가져오지 않는 아이들이 있습니다. 이 아이들의 무의식은 책에 대한 거부감이 무척 크다고 할 수 있습니다. 그 아이들은 매일 똑같이 이야기합니다.

"깜박하고 안 가져왔어요."

"아! 집에 있는 것 같아요."

"분명히 챙겨온 것 같은데…."

그 아이들이 거짓말을 하는 건 아닙니다. 정말 깜박한 것이 맞습니다. 단 그들의 무의식은 교과서를 기억해내고 싶지 않았을 뿐이지요. 심지어 깜박하고 안 가져왔다는 아이의 사물함이나 책상 서랍을 보면 교과서가 있기도 합니다. 그럼 이렇게 대답을 하지요.

"어, 책이 왜 거기 있지? 아까 찾아봤을 때 분명히 없었는데."

조금 전 그 아이는 분명히 찾아본 것이 맞습니다. 거짓말은 아닙니다. 단 찾아보았을 때, 무의식적으로 그 책을 보지 않았을 뿐입니다. 무의식은 그렇게 집요하고 무섭기까지 합니다. 보고 싶지 않은 것을 보이지 않게 만드는 힘이 있습니다.

무의식은 부정적 기억이 많은 사물이나, 인물, 사건에 대해 강한 저항을 보입니다. 어떻게 해서든 회피할 거리를 만드는 마술사 역할을 합니다. 그 마술사를 독서와 친해지게 해야 합니다. 따라서 책을 읽을 때는 책에 대한 부정적 경험과 기억을 마주하지 않게 하는 환경이 필요합니다.

어린 시절 많은 책을 읽게 하는 데 중점을 두지 말고, 적은 양의 책이라도 아이가 즐겁고 재밌는 기억을 경험하도록 해야 합니다. 그래야 아이의 무의식은 책을 거부할 대상이 아닌 가까이해도 되는 대상으로 분류합니다. 아이의 무의식 안에 적어도 가까이 할 수 있는 대상으로 책이 분류되는 순간, 평생 독서는 보장받은 것과 다름없습니다. 그들은 스스로 필요한 순간 책을 찾습니다.

영유아 및 초등 시기 아이의 무의식이 책을 거부 대상으로 분류하는 순간 아이는 독서를 은밀히 저항하거나, 회피하거나, 더 좋다고 분류된 다른 것들을 찾느라 시선을 돌려버립니다.

어린 자녀를 둔 부모는 독서 습관을 지도할 때 꼭 아이의 무의식을 염두에 두시기 바랍니다. 무의식은 자신이 좋다고 여기는 것들만 우선시합니다. 다른 건 가차 없이 버리거나 가두거나 쳐다보지 않습니다. 윽박질러서 읽게 한 책은 무의식적 거부 대상 1호가 될 뿐임을 잊지 마시기 바랍니다.

생애 첫 독서를
즐거운 경험으로
만드는 법

아이가 궁금해하는 이야기,

읽으면서 재미있다고 느낄 이야기가 담긴 책을

스스로 고르게 해주어야 합니다.

이은영,《초등 완성 매일 영어책 읽기 습관》

조선 후기에 있었던 '전기수(傳奇叟)'라는 직업을 아시나요?

'기이한 이야기를 전해주는 노인'이라는 의미를 지닌 '전기수'는 당시 유행하던 한글 소설을 대중 앞에서 낭독해주던 사람이었습니다. 전기수의 인기는 지금의 연예인 못지않아 어른 아이 할 것 없이, 전기수의 책 낭독에 푹 빠져들었다고 합니다. 그들은 사람들에게 돈을 받고 책을 읽어줄 만큼 맛깔나게 책을 읽어주었다고 합니다. 조선 후기 한글 소설이 대중 속에 파고들고 많은 이들이 한글 소설을 읽는 데 전기수의 역할이 매우 컸습니다. 그들은 한글 소설이 무척 재미있다는 것을 많은 사람들에게 각인시켜준 역할을 했습니다.

청중들이 책 속으로 빠져들 수 있도록 낭독하는 데는 전기수 나름의 비결이 있었습니다. 그 비결을 EBS 〈역사 채널〉에서 소개한 적 있는데요. 이 비결은 학부모님들이 자녀에게 책에 대한 즐거움을 선사하는 데에도 충분히 적용할 수 있습니다. 전기수의 책 낭독 비법은 다음과 같습니다.

첫째, 읊조리듯, 노래하듯 읽어라.
둘째, 가슴으로 외워라.
셋째, 눈길과 표정, 자세를 청중에게 맞춰라.
넷째, 이야기가 고조되는 부분에서 잠시 멈춰라.

한번은 이러한 전기수의 책 낭독 비법을 최대한 반영해서 학급 아이들에게 책을 읽어주었습니다. 때론 읊조리듯이, 때론 리듬감 있게, 때론 소곤소곤, 책 내용에 따라 목소리 톤만 살짝 바꿔주어도 아이들의 몰입감이 높아짐을 느낄 수 있었습니다. 특히 이야기가 고조되는 부분에서 잠깐 멈추고 아이의 시선을 맞춰주면, 아이들 얼굴에 애타는 게 보였습니다. 빨리 결정적인 장면을 읽어달라는 듯 정말 조용히 기다립니다. 그 순간에 저는 장난스럽게 이렇게 말해주었습니다.

"음… 다음 시간에 계속 읽어줄게."

그러면 아이들이 바로 더 읽어달라고 난리가 납니다. 그럼 그때 못 이기는 척 책 읽기를 계속했습니다. 그렇게 책을 며칠에 걸쳐 나누어서 다 읽어주고 나면 신기한 일이 벌어집니다. 아이들이 그 책을 학교 도서관에서 빌려서 다시 읽습니다. 이야기를 이미 다 알고 있음에도 몰입해서 쉬는 시간마다 읽습니다. 궁금해서 다시 그 책을 빌려 읽는 학생에게 물었습니다.

"선생님이 이미 다 읽어줬는데 또 빌려서 읽어?"
아이들의 대답은 간단했습니다.
"또 읽어도 재밌어요."

어떤 책이든 한 번 재미있고 즐겁다는 애착이 형성되면 아이들은 또 읽는 것을 주저하지 않습니다. 마치 놀이와 같습니다. 아이들은 어제 딱지치기를 했지만 오늘 또 딱지치기를 합니다. 딱지를 넘길 때의 그 쾌감을 기억하기 때문입니다. 결국 땀을 뻘뻘 흘리면서 딱지를 치면서도 힘들어하지 않습니다. 독서도 마찬가지입니다. 책 속의 이야기를 통해 긴장감을 느끼고 문제가 해결되는 해소감을 느낍니다. 그 과정에서 감동을 맛본 아이는 또다시 그 순간을 기다리면서 책을 읽습니다. 결국 책 읽기는 즐거웠던 기억을 통해 반복됩니다. 책 읽는 시간이 즐거운 놀이가 됩니다.

책에 대한 행복했던 기억을 많이 만들수록 그 아이는 초등 시기 숙련된 독서가로 책을 읽을 가능성이 높아집니다. 엄마가 읽어주던, 아빠가 읽어주던 책들과 자기도 모르는 사이 애착이 형성됩니다. 힘들거나 지치거나 또는 뭔가 울적한 마음이 들 때, 책을 찾게 됩니다. 그들이 책을 찾는 건 그때 부모와 함께했던 애착에 대한 기억 때문입니다. 그 즐겁고 안정된 애착의 기억이 다시금 삶의 기운이 됩니다.

책을 자녀와 함께 읽으면서 재미 못지않게 중요한 것은 책을 읽으며 나누는 대화입니다. 책 내용에 대한 이야기보다는 등장인물의 심리상태에 대한 이야기를 나누는 것이 좋습니다. 심리상태에 대한 이야기라고 해서 어떤 전문적이고 심오한 내면까지 파고들어야 한다는 부담감을 가질 필요는 없습니다. 등장인물의 감정상태를 살펴보고 공감해주는 피드백을 해주면 됩니다.

"만약 우리에게 이런 상황이 오면 정말 슬프겠다."
"혼자서 길을 잃고 숲속에서 헤매다니, 얼마나 무서웠을까?"
"정말 억울한 일을 당했네. 그런데 아무도 도와주지 않다니 외로웠겠다."

질문을 던져도 됩니다.

"만약 너라면 너는 어떤 집을 만들어보고 싶니?"
"그렇게 선택한 이유는 뭐니?"
"엄마라면 무서워서 도망갔을 것 같은데… 우리 하윤이는 어떻게 했을 것 같아?"

이때 오고 가는 질문과 대답 속에 아이의 사고력은 깊어집니다. 깊어진 사고력은 새로운 책들을 찾아 읽는 원동력이 됩니다.

《시냅스 독서법》의 박민근 코칭 심리전문가는 그의 책에서 이렇게 말합니다. "적어도 생애 초기 독서만큼은 즐거워야 합니다."

그 즐거웠던 기억은 실감 나게 읽어주는 책 내용의 전개 과정에서 맛보게 됩니다. 더불어 책 속 이야기를 가지고 나누었던 대화의 따뜻한 공감에서 더 배가됩니다.

생애 초반 독서는 즐겁고 감동이 동반되어야 합니다. 아이들이 등장인물의 상황에 감정이입 될수록 그 과정은 더욱 실감 나게 다가옵니다. 자녀와 어떤 놀이를 어떻게 해야 할지 고민하지 마시기 바랍니다. 지금 바로 가까이 있는 책을 갖고 시작하시기 바랍니다. 책은 가장 즐거운 놀이도구가 될 수 있습니다.

아이를 숙련된 독서가로 이끄는 '책 읽어주기'

단어들을 아이들의 귓속에 살아 있게 하는 게 중요합니다.

마이클 로젠(영국 동화작가), EBS 다큐 인터뷰

몇 년 전, 학교에서 책에 대한 흥미와 관심을 높이기 위해 교실에서 선생님이 직접 책 읽어주는 시간을 마련한 적 있습니다. 약 일주일 동안, 매일 수업 직전 10분, 선생님이 동화책을 읽어주었습니다. 담임교사가 읽어주는 날도 있고, 다른 반 선생님이 읽어주는 날도 있었습니다. 그때 저는 고학년 담임이면서 1학년 교실에 들어가 동화책을 읽어주었습니다. 아이들은 무척 흥미로운 표정을 지었고, 제가 읽어준 책을 학교 도서관에서 직접 빌려 다시 읽는 모습도 보였습니다. 그리고 1년이 지났습니다. 2학년 복도를 지나는데 한 학생이 달려와서 물었습니다.

"선생님, 언제 또 우리 반에 와서 책 읽어주실 건가요?"

저는 되물었습니다.

"책을 읽어주다니, 그게 무슨 말이지?"

그 아이는 대답했습니다.

"제가 1학년 때, 교실에 와서 책 읽어주셨잖아요. 그리고 우리가 2학년 되면 다시 또 이렇게 책을 읽어주러 온다고 했잖아요. 언제 읽어주러 오세요?"

그 아이의 대답을 듣고 깜짝 놀랐습니다. 1년 전, 독서주간 행사가 끝나는 날 어떤 아이가 질문을 했던 게 생각났습니다. 언제 다시 또 책을 읽어주러 올 수 있느냐는 질문이었습니다. 그때 저는 1년 후라고 말했습니다. 2학년 되면 다시 또 올 수도 있다고 했던 이유는, 책 읽어주기 행사가 1년에 한 번 있는 독서주간에 이루어졌기 때문이었습니다. 그 학생은 1년 후에 다시 그날이 오기를 기다고 있었습니다. 복도를 지나가던 저에게 그 '1년 후'라는 말을 다시 떠오르게 했습니다. 그만큼 그

짧은 10분, 일주일의 기간이 아이에게 무언가 깊은 각인이 이루어질 정도로 인상적이었다는 뜻입니다.

《하루 15분 책 읽어주기의 힘》에도 이와 비슷한 사례를 제시합니다. "유아든 4학년생이든 내가 그림책을 읽어 줄 때마다 아이들은 모두 삽화에 관해 이야기하며 마음이 끌리거나 독특하거나 재미있는 부분을 언급하고 싶어 합니다."

이 말이 의미하는 바는, 적어도 아이들에게 책을 읽어줄 때마다 그들도 무언가를 같이 말하고 싶어 한다는 뜻입니다. 누군가 책을 읽어줄 때 아이들은 단순히 수동적 위치에 있지 않습니다. 이야기 속으로 빠져들고, 적극적으로 개입하고, 이야기의 일부가 되어 앞으로의 방향성을 제시합니다. 그래서 이렇게 외치기도 합니다.

"안 돼. 그건 호랑이가 널 속이는 거야!"

책을 읽어준다는 건, 특히 아이의 나이가 어릴수록, 책에 대한 강렬한 인상을 심어주는 아주 탁월한 방법이 됩니다.

아직 읽기에 익숙하지 않은 아이들은 책을 듣는 과정을 통해서 훨씬 더 빨리 책 내용을 이해하고 흥미를 느끼고 몰입도가 높아집니다. 얼핏 보면 책을 스스로 읽는 것과 다른 사람이 읽어주는 것은 모두 똑같은 내용이라고 생각할 수 있습니다. 하지만 아이들이 받아들이는 강도는 다릅니다. 글자의 내용이 전달되기에 앞서 읽는 사람의 목소리, 표정, 숨소리, 손동작, 읽는 속도의 강약 등을 통해 책의 내용을 더욱 실감 나게 느끼게 됩니다. 그 과정은 책 읽기에 대한 높은 긍정적 기대를 갖게 합니다.

자녀를 숙련된 독서가로 성장시키기 위해서는 생각보다 오랜 기간이 걸립니다. 글자를 읽기 전까지 매일 30분 이상 책을 읽어주는 시간이 필요합니다. 글자를 더듬더듬 읽을 수 있더라도 엄마나 아빠가 실감 나게 책 읽어주는 시간을 병행하는 것이 반드시 필요합니다. 책을 읽어주면서 책 내용에 대한 이야기를 나누면 더욱 좋습니다. 특히 책에 등장하는 주인공의 감정상태를 함께 공감하며 읽는 과정은 자녀와 타인과의 관계에도 매우 긍정적 영향을 줍니다. 적어도 초등 4학년 정도까지 부모가 책 읽어주는 시간을 매일 확보하는 것이 좋습니다. 이 시간을 책을 읽어주는 것을 넘어 부모와 자녀가 교감하는 시간으로 확대하여 접근하는 것이 좋습니다.

글자를 읽을 수 있게 하는 것만으로 독서가가 되지 않습니다. 그저 초보 독서가의 시작일 뿐입니다. 혼자서 책을 읽을 때 맞이하는 초보 독서가의 어려움들은 생각보다 많습니다. 일단 모르는 단어가 나오면 지금까지 알고 있는 기본 지식으로 짐작해서 의미를 해석하는데, 때로는 전혀 엉뚱한 단어로 짐작합니다.

예를 들어, 이런 겁니다.

"형님이 쌀가마니를 내려놓았다."

이 문장에서 '가마니'라는 말을 처음 들어본 아이는 이와 비슷한 단어로 짐작해서 이렇게 해석합니다.

'형님이 쌀을 가만히 내려놓았다는 거구나. 동생 모르게 조용히 하려고.'

이렇게 엉뚱하게 의미를 해석하다 보면 책의 줄거리를 잘못 이해하기 시작합니다. 나중에는 왜 이런 결과가 나왔는지 모르기 때문에 책이 재미없어집니다. 책을 읽으면서 바로바로 이해되지 않고 뭔가 계속 생각하고 해석하는 데 시간이 지체되기 때문에, 책 읽는 과정이 즐겁지 않게 됩니다. 책 읽는 과정이 스트레스가 되지 않을 정도로 책을 읽을 수 있게 되었을 때, 그 순간이 숙련된 독서가의 시작점이 됩니다. 이 과정으로 진입하기까지는 부모의 책 읽어주는 시간이 매우 중요한 역할을 해줍니다.

뇌과학자들은 아이들의 뇌가 평균 5세 정도 되면 글자를 조금씩 배워나갈 수 있다고 합니다. 하지만 어디까지나 배울 수 있을 뿐이지 유창하게 읽고 동시에 해석이 가능한 종합적 능력으로 키워나가기 위해서는 누군가 책을 읽어주는 시간이 큰 도움을 줄 수 있다고 합니다.

아이들에게 책 읽어주는 시간이 귀찮다고 여기는 순간, 자녀 또한 책 읽는 시간을 번거롭게 생각하게 됩니다. 자녀가 숙련된 독서가가 될 것인지 여부는 부모의 책 읽어주는 시간과 비례한다는 점을 꼭 기억하시기 바랍니다.

초등 학습 격차는 '어휘력'에서 발생한다

특별한 독서방법이란 존재하지 않는다.
다만 책을 읽는 힘인 독서력은 '시간'과 관련이 있다고
말하고 싶다.

황민규,《독서가 필요한 순간》

어린이집, 유치원을 보내고 시간이 어떻게 지났는지 모르는데 금방 초등학교 입학 예비소집 통지서를 받습니다. 그나마 어린이집과 유치원은 방학이 짧고, 늦은 시간까지 돌봄이 가능한 경우가 많아서 맞벌이를 하면서도 케어가 가능했습니다. 하지만 초등 입학은 다릅니다. 유치원에 비하면 방학이 길고, 학교는 오후 2시경이면 끝납니다. 방과후 교실

을 신청해도 결국 학원을 보내야 저녁 시간까지 케어가 가능합니다. 그러한 생각들을 하고 있으면 그때부터 학부모로서의 고민과 불안이 시작됩니다.

친구들과의 관계는 어린이집이나 유치원에서 어느 정도 경험이 있기에 예상을 합니다. 또 유치원에 등원하던 친구들이 대부분 같은 학교로 진학하는 경우 친구 관계에 대한 부담은 더 적어집니다. 일단 그래도 몇 명은 서로 아는 얼굴이라는 것만으로도 새로운 친구를 사귀는 부담을 덜 수 있습니다. 하지만 공부에 대한 생각은 다릅니다.

본격적인 공부에 있어 대부분의 예비 학부모님들은 걱정이 앞섭니다. 더구나 초등 입학 전까지 아이들은 놀면서 키워야 한다는 생각으로 학습 관련 지도가 없었다면, 당장 마주한 초등 입학 시기, 그 고민의 강도는 더욱 깊어집니다. 아무리 신경을 쓰지 않는다고 해도 기본 학습 관련 두 가지는 모두가 고민을 합니다.

1. 글자를 어느 정도 익히고 입학해야 할까?
2. 수학은 어느 정도 셈하기를 할 수 있어야 할까?

위 질문의 결과, 입학 몇 개월 전부터 부랴부랴 글자를 익히는 아이들이 있습니다. 수 세기도 합니다. 결국, 많은 아이들이 글자를 더듬더듬 읽을 정도 수준으로 학교에 입학합니다. 아직 쓰는 것은 익숙하지 않아도 교과서를 천천히 읽는 레벨입니다. 셈하기도 손가락을 사용해서 십의 자리 미만 숫자들의 덧셈과 뺄셈 정도는 할 수 있는 정도를 갖추고 입학합니다.

학교 교육 과정은 글자와 숫자를 모르는 아이들이라고 생각하고 수업을 진행합니다. 그래도 대부분은 책 읽기 및 기본 수 세기와 덧셈 뺄셈 정도를 익힌 상태입니다. 그렇기 때문에 1학년 학생들의 수준 편차는 생각보다 많이 생깁니다.

일단 글자를 더듬거리며 읽을 줄 아는 아이와 그렇지 못한 아이는 최소 1년의 학습 격차를 갖습니다. 정확하지는 않지만 그래도 불러주는 글자를 소리 나는 대로 쓸 줄 아는 아이와 글을 읽지도 못하는 아이와는 최소 2년의 학습 격차가 생깁니다. 어휘력에서는 더 심각한 격차가 벌어집니다. 가정에서 책을 거의 읽지 않은 아이들의 어휘력은 초등학교에 입학을 해도 5세 미만 정도의 어휘를 사용합니다. 그 이상의 단어를 들을 일도 말할 일도 별로 없었기 때문입니다.

엄마 아빠가 지속적으로 책을 읽고, 관련 이야기를 나누면서 어휘력을 확대한 아이는 1학년에 입학한 순간 이미 3학년 수준의 어휘력을 지닌 경우도 많습니다. 결국 어휘력의 차이는 5세 미만의 어휘를 사용하는 아이와 비교했을 때, 초등학교에 입학하면서 길게는 5년 정도 차이가 나는 경우도 있습니다. 이렇게 편차가 심할 경우, 많은 아이들이 학교에서 드러나는 상대적 박탈감으로 인해 초보적인 책 읽기마저 두려워하게 됩니다.

초보적인 책 읽기, 즉 더듬거리면서 책을 읽는 수준의 아이를 '초보 독서가'라고 할 수 있습니다. 초보 독서가에서 숙련된 독서가로 넘어가는 중요한 과도기는 바로 초등 입학 전후 2년 정도입니다. 아이들이 원하든 원하지 않든 글자를 접하는 시기입니다. 이 시기 학교에서의 지나친 편차는 글을 읽는 것에 대한 폐쇄적 심리를 갖게 합니다. 유치원까지 활발하고 대인 관계에서 문제가 없던 아이가 글을 읽기 시작하면서 자신감을 잃어버리는 경우도 많습니다. 글자 읽기는 더욱 부담되고 싫어지고 당연히 책 읽기는 언제든 피하고 싶은 일이 되어버립니다.

책을 열심히 읽어주던 학부모님들도 자녀가 학교에 입학하고 공식적으로 더듬거리며 교과서를 읽기 시작할 무렵이면, 이제 많이 지칩니다. 그래서 책 읽기는 숙제로 남겨놓고 읽었는지 확인 정도만 합니다. 하지만 반대로 해야 합니다. 아이가 책을 더듬거리며 읽기 시작할 즈음부터 자녀에게 책 읽어주는 시간을 더욱 많이 할애할 필요가 있습니다. 그 시기, 이제 초보 독서가로 발돋움을 한 그 과정에 부모가 반드시 함께해야 합니다. 그렇지 않는다면 아이의 학습에 대한 자신감과 글자를 읽는 것에 대한 자기능력감이 매우 낮아집니다.

아이 입장에서 책을 더듬거리며 읽는다는 건 무척 힘든 일입니다. 아직 아이들의 뇌 구조는 글자를 소리로 바꾸고 그 소리를 듣고서야 이해하는 과정입니다. 그렇기 때문에 책 읽는 속도가 느리고 이해하는 과정이 힘겹게 느껴집니다. 이때 엄마나 아빠가 자주 책을 소리 내어 읽어주고 평소보다 더 많은 책을 읽어줄 필요가 있습니다.

아이마다 초보 독서가의 시작이 다릅니다. 부모의 책 읽기가 일찍부터 자주 이루어진 아이들은 초등 입학 전에 초보 독서가의 모습을 보입니다. 초등 입학할 즈음에 글자를 가르친 경우, 초등 1~2학년에 초보 독서가 상태가 됩니다. 이 시기에는 혼자 책 읽는 시간 이외에 부모가 적극적으로 소리 내어 함께 책을 읽어주는 과정을 병행하는 것이 필요합니다. 또 아이가 혼자서 책을 읽는 과정에 꼭 옆에 함께 있어야 합니다.

읽기 어려운 단어 또는 읽어도 그 뜻을 모르는 경우 바로 곁에서 알려 줄 수 있는 누군가가 있어야 합니다. 그 과정이 초보 독서가의 힘겨움을 견디게 해줍니다. 초보 독서가에서 숙련된 독서가로 넘어가는 그 과도기를 그냥 아이에게 맡기면 회피 독서가로 자리 잡습니다.

회피 독서가는 자발적인 독서를 하지 않습니다. 과제가 주어지면 억지로 읽는 모습을 보입니다. 결국 읽는 속도에 탄력이 붙지 않고, 책을 멀리하게 됩니다. 자칫 이 시기에 책 읽기 관련 지도가 이루어지지 않는다면 회피 독서가를 넘어 '난독증'을 보이기도 합니다. 더구나 책만 펼쳐놓은 채 아무 말도 하지 않고 가만히 교실에 앉아 있는 경우, 난독증을 파악하기도 어렵습니다. 또한 일상 안에서 친구들과 놀고 대화하고 떠드는 데 아무런 문제가 없기 때문에 치료 시기를 지나치기 쉽습니다.

가정마다 환경이 다릅니다. 부모가 아이의 어린 시절에 함께 놀거나, 책을 읽어줄 수 있는 시간이 없을 수도 있습니다. 그 기회를 만회하기 가장 좋은 시기는 아이가 책을 더듬거리며 읽는 초보 독서가의 기간입니다. 그때도 늦지 않습니다. 불안에 앞선 마음으로 아이에게 책을 읽어보라고 언성을 높이기보다, 엄마의 목소리로 책을 많이 반복해서 읽어주시기를 권합니다. 그러면 아이는 그중에 재미있고 즐거운 기억이 있는 책을 혼자서 더듬거리면서도 읽어내기 시작합니다. 그 과정에 용기를 주고 더 많은 책을 읽어주는 과정을 반복해야 합니다.

책에 대한 긍정적 마인드가 자리 잡히지 않은 아이라도, 초등 시기 자녀가 숙련된 독서가로 자리 잡기 위해 가장 중요한 시기는, 책을 더듬더듬 읽기 시작한 때라는 것을 잊지 마시기 바랍니다.

초등 이전과 이후의 독서는
목적이 다르다

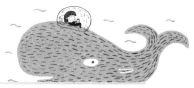

"독서를 하는 사람들이 탁월한 이유가 무엇일까요"

...

"독서 하는 사람이 적기 때문입니다."

곽동우, 《탄탄한 독서력》

"선생님, 지우가 책을 너무 안 읽어요."

"정말 어쩌다 그것도 억지로 읽습니다."

"책 읽으라고 하면 짜증부터 냅니다."

"책을 안 읽고 거의 스마트폰만 하루 3시간씩 합니다."

"유튜브만 봅니다."

"웹툰만 봅니다."

"만화책 말고 다른 걸 보게 하고 싶은데 잘 안 됩니다."

학부모 상담 기간에 자녀의 가정에서 독서 상황을 물어보면 돌아오는 대답들입니다. 자녀의 독서량에 대해 만족스럽게 대답하는 학부모는 드뭅니다. 통계적으로 그나마 책을 가장 많이 읽는 시기가 초등학교 때입니다. 하지만 그 통계에 만족하는 학부모는 거의 없습니다. 초등 독서량 통계는 책을 정말 많이 읽는 소수의 아이들에 의해 평균 수치가 상당히 올라간 자료일 뿐, 실제 통계에 나온 평균 수치만큼 책을 읽지 않는 아이들이 훨씬 더 많습니다. 책을 읽지 않는 아이들은 심각할 정도로 거의 책을 읽지 않습니다.

초등 자녀의 독서에 대해 많은 부모들이 바라는 것이 있습니다. 아이들이 '스스로 알아서' 책을 열심히 많이 읽었으면 하는 마음입니다. 문제는 '스스로 알아서' 하기를 바라는 마음에, 아이들을 그냥 놔두면 '스스로 알아서'가 안 된다는 사실입니다.

아이들의 의지력은 생각보다 높지 않고, 독서 이외에 아이들을 자극하고 호기심을 끌어당기는 것들이 너무 많은 세상입니다. 독서는 계획된 교육이 동반되어야 '스스로 알아서' 책 읽는 단계가 됩니다. '스스로 알아서' 책 읽는 것도 배워야 가능해지는 능력입니다.

스스로 알아서 책을 읽는 과정까지 도달하기 위해서는 적잖은 관리가 필요합니다. 결국 독서력은 어린 시절부터 부모의 관심으로 키워져야 합니다. 특히 스마트폰이 주어져도 나름 정해진 시간에는 책을 읽는 아이들을 보면 초등 1~3학년 사이에 집중적으로 책을 많이 읽도록 환경이 조성됩니다. 특히 방학 기간을 활용하여 독서에 대한 관리가 집중적으로 이루어진 아이들입니다.

스스로 알아서 책을 읽는 아이들이 될 수 있도록 독서교육을 연구한 논문 및 관련 교육 도서를 보면 두 가지 큰 흐름으로 나뉩니다. 즐거움과 습관입니다. 그런데 독서를 '즐거움'으로 접근해야 하는 시기가 있고, '습관'으로 접목시키는 단계가 있습니다. 독서에 대한 '즐거움'과 '습관'을 시기별로 다르게 적용해야 합니다. 그 시기는 크게 초등 이전과 초등 이후로 나뉩니다.

초등 이전 독서는 문자 해독에 초점을 두기보다 이야기의 흐름 및 의미에 중점을 둡니다. 글자를 읽는 능력보다 책 자체를 받아들이는 과정이 우선입니다. 보통 이 시기는 엄마나 아빠의 책 읽어주기를 통해 독서 지도가 이루어집니다. 초등 이전 아직 단어를 해독하는 데 어려움이 있는 아이들은 부모님이 읽어주는 글자에 집중하지 않습니다. 아이들의 시선은 책 속의 그림이나 사진에 머물면서 정보를 얻습니다. 삽화에 제시된 수많은 정보들을 시각을 통해 직관적으로 파악하면서 동시에 설명하는 내용을 연결합니다. 이 과정을 충분히 누려야 합니다. 누린다는 건, 아이들이 책 내용을 이해하려 애쓰지 않아도 저절로 인지되는 수준의 독서 체험을 말합니다. 그래야 일단 독서가 즐겁다는 인식이 각인됩니다.

초등 입학 전, 자녀에게 책 읽어줄 때 아이의 시선을 자주 글자에 머물게 하려 애쓰는 경향을 보이기도 합니다. 예를 들어, 엄마가 손가락으로 글자를 짚어줍니다. 그러면 엄마의 손이 책의 그림을 가리게 됩니다. 아이가 인식하는 정보를 차단한 채, 직관적으로 판단이 어려운 글자에서 정보를 찾으려 애쓰는 과정으로 바뀝니다.

"이 글자는 어떻게 읽었지?"

"이 글자, '우유'할 때, 그 '우'자랑 똑같은 거야."

"이 단어 읽어볼래? 네가 아는 글잔데. 배운 글잔데."

이런 질문이 들어오는 순간, 아이는 사진이나 그림에 머물던 시선을 글자로 옮깁니다. 그리고 아직 해석할 수 없는 문자를 보면서 책에 대한 부정적 인식이 자리하게 됩니다. 이 시기 글자를 해독하는 뇌의 기능이 발달되지 않았기 때문에 부모가 아이의 시선을 글자로 이동시키려는 시도가 많을수록 아이는 무척 힘들어합니다.

초등 이전에는 부모의 목소리 톤, 부모 말에서 표현되는 감정들을 통해 직관적으로 이야기 속에서 표현되는 어휘를 익히는 기간으로 삼습니다. 또 목소리와 책의 그림을 연결 짓는 과정으로 이해하게 하는 것이 좋습니다. 글자는 몰라도 상당한 어휘를 습득하게 되면 나중에 글자를 익히는 데 훨씬 더 수월해집니다. 무엇보다 책 듣기가 즐거워집니다. 책 내용을 듣는 과정이 즐거워야 책을 읽고 싶다는 단계로 이동하게 됩니다. 초등 이전 시기에는 책을 읽어주면서 아이들에게 자꾸 글자를 확인하려는 시도를 하지 마시기 바랍니다.

만약 초등 이전 글자를 가르친다면 동화책을 읽는 것이 아니라, 유아용 글자 놀이도구를 통해서 따로 진행하는 것이 좋습니다. 글자를 배우는 것은 상당한 에너지가 필요하기 때문에 천천히 단계별로 글자 배우기 도구를 통해 시작합니다. 동화책은 재미있는 이야기를 들을 수 있는 즐거운 도구만 사용하시기 바랍니다. 그래야 책에 대한 긍정적 인식이 자리합니다.

초등 이전, 동화책은 글자를 익히기 위한 수단이 아닌, 재미있는 이야기와 정보를 얻을 수 있는 도구로 아이의 뇌에 각인시키는 것이 우선입니다. 맛있는 음식을 보면 저절로 침이 고이듯, 책을 보면 저절로 한 번 열어서 확인하고 싶다는 반응이 뇌에 정착되어야 합니다. 그것이 초등 이전 독서교육의 목표입니다. 그렇게 된 아이는 초등 이후, 어떤 책이든 일단 열어보고 싶게 됩니다.

책을 보면 일단 열어보고 싶다는 반응이 나오는 과정은, 초등 이전, 책에 대한 즐거운 경험의 축적임을 꼭 기억하시기 바랍니다. 초등 이후의 중점 과정은 계속 이어서 살펴보겠습니다.

4장

초등 독서 습관을
완성하는
단계별 전략

책 읽기 습관은
정해진 독서 시간과
장소로부터

독서교육을 하면서 우리는 고민하지 않았습니다.
그저 읽으라고만 하다가 문득 지쳐 돌아보면
뭔가 개운하지 못한 마음만 가득했습니다.

이정균,《초등 출력 독서》

아이들이 책을 읽고 싶어지는 환경은 어떤 모습일까요? 책이 가득 있는 교실이면 아이들이 책을 읽고 싶을까요? 교실 뒤편에는 항상 학급 문고가 수십 권씩 비치되어 있습니다. 하지만 수십 권씩 책이 있어도 자발적으로 읽는 아이들은 몇 명 되지 않습니다.

가정에서도 비슷합니다. 자녀 방에 책상 및 책장을 넣어주고 좋은 책들을 세트로 구비해도 스스로 읽는 모습을 보기 어렵습니다. 책은 그저 책장에 놓인 장식품처럼 늘 그 자리 그대로 있습니다. 아이들은 그러한 방의 모습을 비웃기라도 하듯, 침대에 누워 스마트폰 게임을 자발적으로 합니다.

미취학 아동 시기부터 자녀에게 책을 읽어주며 독서에 대한 흥미를 유발하지 못한 경우, 초등 시기에 자발적으로 독서를 하게끔 이끌기는 무척 어렵습니다. 초등 시기 외형적 독서 환경만으로 아이들에게 책을 읽고 싶은 동기를 만들어줄 수 있을 거라는 기대감은, 그저 기대일 뿐입니다. 책장에 있는 비싼 책들을 읽지 않고 있는 자녀를 원망하듯 쳐다보는 시선만 가득해집니다.

책에 대한 즐거움은 취학 이전에 부모가 함께 책을 읽어주며 대화하면서 형성됩니다. 초등 이후에 독서에 대한 즐거움을 알게 해주려면 자발적인 환경보다는 약간의 의무사항이 전제되어야 합니다. 즉, 초등 자녀에게 처음부터 자발적인 책 읽기를 기대하면 자녀에게 화만 내는 자신의 모습을 보게 됩니다. 아주 작은 약속부터 시작해야 합니다.

"저녁 먹고 나면 매일 20분씩 온 가족이 책 읽는 시간이야."

그 과정을 정말 매일매일 지켜야 합니다. 처음에는 20분으로 시작합니다. 한 달이 지나면 10분을 추가해서 30분을 진행합니다. 또 한 달이 지나면 10분을 추가합니다. 이렇게 해서 3개월이 지나면 그때부터는 시간을 더 늘리지 말고 40분이라는 시간을 지속해서 지키는 데 중점을 둡니다. 1학년이든 6학년이든 스스로 책을 읽지 않는 학생이라면 같은 방식으로 진행합니다. 최소 매일 40분 정도 가정에서 의무적으로 책을 읽는 것이 반복되는 것이 필요합니다. 3개월이라는 기간 후에 40분까지 시간을 늘리는 것이 무리라고 판단되면 6개월에 걸쳐 40분까지 끌어올려도 됩니다. 시작은 일단 20분입니다. 20분 미만의 독서 시간으로는 책에 몰입을 느끼기 어렵습니다.

이 과정에서 중요한 건 엄마 아빠도 함께 하는 것이 필요합니다. 부모가 함께 책을 읽는 모습은, 책 읽는 시간만큼은 타협이 없다는 뉘앙스를 자녀에게 심어줍니다. 그리고 더는 아래와 같은 말들로 자녀와 신경전을 벌이거나 잔소리를 하지 않습니다.

"책 읽어라."

"오늘 책은 읽었니?"

"일주일 동안 읽은 책이 뭐니?"

위와 같은 말을 하면서 감정을 소모하지 말고, 그저 매일 저녁 식사를 마치면 가족이 거실 소파에 앉아 책을 읽습니다. 자녀와 독서를 가지고 입씨름할 필요 없이 단호함을 보입니다. 책 읽는 것에 대해서는 그 어떤 양보와 타협도 없다는 모습을 보여줍니다. 매일 일정한 양의 독서를 하는 것은 매일 일정한 양의 식사를 하는 것과 같다고 생각하고 진행합니다.

이런 단호함이 없이 초등 시기 독서에 흥미를 갖지 못한 아이들이 독서 습관을 잡아나가는 것은 거의 불가능합니다. 자녀를 어르고 달래면서 또는 책을 읽으면 스마트폰 게임을 얼마만큼 더 하게 해주겠다는 조건을 붙여가면서 책을 읽게 하지 마시기 바랍니다. 시간이 갈수록 자녀에게 책을 읽게 하기 위해 애원하는 부모의 모습이 됩니다. 책을 읽는 것에 대해서는 자녀에게 애원하거나 애걸하는 모습을 보이지 마시기 바랍니다. 나중에는 이런저런 노력에 부모의 감정이 상하고 자녀에게 하지 말아야 될 말을 하고 맙니다.

"그렇게 책을 안 읽어서 나중에 뭔 일을 하겠냐. 맨날 바보처럼 그러고 살 거니!"

이런 과정을 반복하지 않으려면 가정마다 정해진 독서 시간이 있어야 합니다. 그 시간이 저녁 먹고 나서 일수도 있고, 아침 출근 전일 수도 있습니다. 또는 잠자기 전 40분일 수도 있습니다. 가정의 상황에 맞게 독서 시간을 정하되 가급적이면 매일 지킬 수 있는 시간을 정합니다. 이유는 매일 같은 시간 같은 장소에서 반복할수록 독서가 습관이 될 가능성이 높아지기 때문입니다. 초등 이후 독서교육은 흥미 위주의 독서가 아닌 습관 위주의 독서 방법이 더 성공할 가능성을 높입니다. 흥미 위주 및 책에 대한 호감은 초등 이전에 가능한 방법입니다. 이미 그 시기를 놓친 경우, 망설이지 말고 독서에 대한 단호함이 필요합니다.

제가 근무하는 학교에서는 아침 8시 40분이면 아침 독서 노래가 흘러나옵니다. 그 노랫소리를 들으면 모든 아이들은 습관적으로 읽을 책을 가지고 10분간 책을 읽습니다. 저는 개인적으로 그 10분의 시간이 너무 적다고 판단하기 때문에 매년 새 학년을 맡으면 학급의 가장 중요한 규칙을 선포합니다. 그건 바로 아침에 등교하는 순간부터 1교시 시작 전까지 교실에서 아침 독서를 하는 겁니다. 저 또한 그 시간에는 학교 업무를 하지 않고 책을 읽습니다. 아이들마다 편차는 있지만 적어도 20분에서 40분까지 아침 독서 후에 1교시를 시작하게 됩니다.

독서에 대해 다소 강압적이라고 느껴질 수도 있습니다. 그런데 의외로 정해진 독서 시간에 대한 어떤 예외도 없음을 알게 될 때, 아이들은 더 빨리 적응합니다. 다른 선택의 여지가 남아 있을 때 독서에 대해 심리적 저항을 보입니다. 그 심리적 저항이 길어질수록 자녀의 독서 습관 형성은 어려워집니다.

하루 40분 이상, 정해진 시간 정해진 장소에서 매일 독서가 습관이 되기까지 쉬운 방법을 찾지 마시기 바랍니다. 초등 이전에 책 읽기에 흥미를 잡지 못한 채 지나간 경우라면 더더욱 쉬운 방법은 없습니다. 초등 이전에 자녀의 책 읽기에 성공한 부모들은 몇 년 전부터 자녀와 함께 책을 읽기 위해 부단히 노력한 이들입니다. 그들도 결코 쉬운 방법으로 자녀를 설득한 것이 아닙니다. 그냥 텔레비전을 보여주고 싶고, 스마트폰으로 만화 영상을 보여주고 싶은 마음을 누르고 부모가 직접 책 읽어주기를 무한 반복한 결과입니다. 그 결과 좀 더 일찍 아이가 책에 대해 긍정적 자세를 가지고 흥미를 갖게 된 것 뿐입니다.

초등 이후, 아직까지 초보 독서가에 머문 자녀라면, 40분 독서가 습관이 될 때까지 매일 꾸준한 독서 시간과 장소를 정하시기 바랍니다. 부모도 함께해야 성공 가능성이 높아집니다.

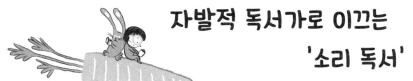

우리 아이를
자발적 독서가로 이끄는
'소리 독서'

독서는 가만 내버려 둬도 자연스럽게 이루어지는 일이라는
생각은 크나큰 착각이다. (…) 독서는 스포츠와 닮은 구석이 있어서
자연스럽게 이루어지는 일이 아니다.
(…) 숙달되기 위해서는 훈련이 필요하다.

사이토 다카시, 《독서력》

초등 1학년 학급에서 아이들을 보면, 독서 수준의 격차가 심각합니다.
어떤 아이는 독서 시간을 기다리고, 다른 아이는 독서 시간이 끝나기만
을 기다립니다. 어떤 아이는 읽을 책을 고르는 데 거침이 없고, 다른 아
이는 독서 시간 내내 읽을 책만 고르고 있습니다. 어떤 아이는 세 권의
책을 읽을 동안 다른 아이는 책 세 쪽을 넘어가기 어렵습니다. 격차가

크다는 건 그만큼 관련 교육을 진행하는 데 있어 서로 다른 접근방식을 사용해야 한다는 의미가 됩니다.

초등 시기 독서교육은 크게 세 부류로 나누어 다르게 적용해야 합니다. 책을 긍정적으로 기억하는 아이와 책에 대한 기억이 별로 없는 아이로 구분해서 적용합니다. 또 가장 좋지 않은 경우는 초등 이전에 책에 대한 부정적 기억이 많은 아이들입니다.

첫 번째 경우는 초등 이전에 책에 대한 긍정적 기억이 축적된 아이들, 즉 미취학 아동기 시절 엄마 아빠가 자주 책을 읽어주었고, 아이도 독서를 '즐거움'으로 인식한 아이들의 독서 지도에 대한 것입니다. 긍정적 기억이 자발적 독서에 도움은 주지만 그렇다고 매번 연결되는 것은 아닙니다. 이 아이들도 독서에 대한 관리가 필요합니다. 이 아이들은 독서 굳히기 과정이 요구됩니다.

두 번째 경우는 초등 입학 이후부터 이제 독서교육을 본격적으로 시작한 아이들입니다. 이들은 책에 대한 긍정적 경험이 축적되어 있지 않습니다. 하지만 아직까지 부정적 경험도 많지 않습니다. 단지 책에 대한 경험이 많지 않고 관심을 갖게 하는 환경이 아니었을 뿐입니다. 이 아이들은 책에 대한 긍정적 노출부터 시작합니다.

세 번째 경우는 초등 입학 이전에 책에 대한 부정적 경험이 누적된 아이들입니다. 이 아이들과는 초등 입학 이후 마찰이 일어납니다. 책에 대한 거부감을 '저항'으로 표현합니다. '저항'이라고 해서 책을 읽지 않겠다고 드러내는 것을 의미하지 않습니다. 자기도 모르게 책을 읽지 않을 핑계를 만들고, 책을 읽을 수 없었다는 합리화 과정을 도출합니다. 결국, 책과 관련해서 자주 부모와 싸우게 됩니다.

여기서는 첫 번째 경우처럼 책을 긍정적으로 기억하는 아이에 대한 접근방식부터 설명하도록 하겠습니다. 책에 대한 이렇다 할 기억이 없는 아이들, 책에 대한 부정적 기억이 많은 아이들에 대한 독서교육 방법은 다른 챕터에서 추가로 다루겠습니다.

우선 초등 이전, 책을 '즐거움'으로 인식한 아이들에게 초등 이후 어떤 독서교육이 진행되어야 하는지부터 말씀드리겠습니다. 이들에게는 '독서 굳히기' 과정이 필요한데요. 독서 굳히기 과정이란 '마지막까지 관리를 늦추지 않는 것'을 의미입니다.

초등 이전에 책에 대한 긍정적 마인드를 가지게 된 아이들이라도 최소 초등 3학년까지 관리되지 않으면 '자발적 독서' 단계로 진입하기 어렵습니다. 아이가 책을 좋아하고 더듬더듬 혼자 읽기 시작하는 모습을 보면 부모 입장에서 다음과 같은 생각으로 방심하기 쉽습니다.

'이제 아이가 혼자 책을 읽으니, 좋은 책만 많이 사주면 되겠구나.'
'아이가 책을 좋아하니 도서관에 자주 데려가서 책을 많이 빌려오면 되겠구나.'

대부분 위와 같은 생각에 멈추어 있습니다. 그런데 이 시기 많은 책을 제공해주는 정도만으로는 '자발적 독서가'가 되기 어렵습니다.

책을 즐겁다고 인식하고, 더듬더듬 읽을 줄 아는 단계의 아이에게 적용하는 첫 번째 독서교육은 '스스로 소리 내어 읽게 하기'입니다. 간단하게 이런 방식을 '소리 독서'라고 합니다. 아이가 큰 소리로 또박또박 엄마 아빠에게 책을 읽어주게 합니다.

중요한 건 아이가 소리 내어 책을 읽을 때, 부모님이 '평가자의 시선'으로 앉아 있지 않는 겁니다. 부모님은 자녀가 책 읽는 소리에 '즐겁고 행복한 모습'으로 앉아 있는 겁니다. 행복한 모습으로 아이가 읽어주는 책 이야기를 듣고 이렇게 피드백을 해줍니다.

"정말 재미있구나. 혹시 또 다른 책도 더 읽어줄 수 있겠니?"

　이렇게 아이가 읽어주는 책 내용이 재미있고, 또 다른 책도 더 읽어 달라고 부탁해도 좋습니다. 이때 아이가 읽어주는 책은 그동안 엄마나 아빠가 아이에게 자주 읽어준 책이어도 됩니다. 그런 책일수록 아이들이 더욱 자신감 있게 읽을 수 있습니다.

　이렇게 아이가 재밌게 읽은 책을 엄마 아빠에게 공유하는 형식으로 읽게 하면 아이의 자존감도 높아집니다. 아이 입장에서 자신의 행동(책을 선택해서 엄마 아빠에게 책을 읽어준 행동)이 긍정적 피드백으로 돌아왔을 때, 강한 성취감을 얻습니다. 이 성취감은 자기효능감('나는 참 쓸모 있다'라는 생각이나 느낌)을 높여주고, 자기효능감은 자존감을 자리하게 하는 데 큰 힘이 됩니다.

　이 시기 아이들의 '소리 내는 독서'는 장점이 많습니다. 아이들이 글을 이해하는 속도를 파악할 수 있고, 아이가 잘 모르는 어휘도 금방 구분됩니다. 특히 책을 대충 빨리 눈으로 읽고 지나가는 잘못된 습관을 막아줍니다. 또 아이에게 책 내용을 확실하게 이해하고 읽을 수 있는 속도를 제공합니다. 소리를 통해 아이의 뇌를 더욱 활성화하는 작용도 합니다.

더듬더듬 혼자 책을 읽을 수 있는 아이들에게 좋은 독서교육은 '소리 독서'를 꾸준히 하도록 안내하고 그 시간을 함께하는 겁니다. 아이 혼자 방에서 소리 내어 읽으라고 하는 것은 그리 오래 가지 않습니다. 엄마나 아빠가 그 소리를 들어주는 위치에서 함께해주어야 아이들이 독서 동기를 얻을 수 있습니다.

두 번째로 아이가 책을 소리 내어 읽기를 시작했다고 해서 엄마 아빠의 책 읽어주기를 멈추지 않는 것이 중요합니다. 엄마 아빠의 책 읽어주기는 최소 3~4학년까지는 지속되는 것이 좋습니다. 아이가 엄마 아빠에게 소리 내어 읽어주고, 또 부모도 그간 해왔던 실감 나게 읽어주는 과정을 병행할 때, 아이는 역동적이고 적극적인 독서 환경에 놓이게 됩니다.

단, 이 시기 이전과 다른 점은 부모가 실감 나게 읽어주는 것에 중점을 두기보다 읽어주면서 연상되는 것들에 대한 대화를 나누면 좋습니다. 책을 읽어주면서 엄마나 아빠가 떠오르는 것들을 중간중간 멈추면서 이야기를 나누면, 아이들이 책을 읽으면서 사유하는 과정을 자연스럽게 익히게 됩니다. 또한 부모와의 대화가 안정적이고 자연스럽게 됩니다.

책에 대한 즐거움을 알게 된 아이들도 초등 입학 이후 최소 3년간 지속적인 관리가 유지되어야 합니다. 부모 입장에서 이제 그만하고 아이에게 맡기고 싶으시겠지만, 마지막 굳히기 과정을 '소리 독서'로 확실히 잡으시기 바랍니다. 그 과정을 잘 마무리한 순간, 아이에게 평생 좋은 무기(자발적 독서)를 안겨주실 수 있습니다.

아이 스스로 책 읽기를
필요한 것으로
느끼게 만드는 법

인류의 역사에서 문자를 사용한 시기는 아주 짧다.
처음부터 인간의 뇌는 유전적으로 독서 능력을 갖추고 있지 않았다.
문자를 해독하는 능력은 다른 종에는 존재하지 않는 능력으로
호모사피엔스가 후천적으로 가지게 된 능력이다.

김호진, 《똑똑해지는 뇌 과학 독서법》

앞에서 초등 이후 독서교육을 세 가지 경우에 따라 다르게 적용해야 한다고 말씀드렸습니다. 첫 번째는 초등 입학 전에 책에 대한 즐거운 경험이 충분히 누적된 아이들의 경우입니다. 이 아이들의 경우 '소리 독서'로 넘어가는 과정이 필요하다고 말씀드렸습니다.

두 번째는 책에 대한 긍정적 기억도 그렇다고 부정적 기억도 없는

아이들입니다. 이 아이들은 읽어주기 단계부터 시작합니다. 마음을 급하게 먹지 않습니다. 마지막으로 초등 입학 전에 책에 대한 부정적 기억을 축적하고 있는 아이들입니다. 사실 꽤 어렵습니다. 이 아이들에 대한 내용은 다음 챕터에서 다루겠습니다.

여기서는 두 번째 경우, 책에 대한 이렇다 할 기억이 별로 없는 아이들을 위한 독서교육 이야기를 해보겠습니다. 대부분의 부모들이 우리 아이가 이(책에 대해 긍정도 부정도 하지 않는 중간자적 위치)에 해당한다고 생각합니다. 우리 아이가 책 읽기를 즐거워하지는 않지만 그렇다고 싫어하지는 않는다고 생각합니다. 독서에 대해서 중간 정도는 한다고 생각합니다. 그런데 그런 아이들이 그렇게 많지 않습니다. 안타깝지만 우선 이런 아이들의 비율이 많지 않다는 것부터 말씀드리고 시작하겠습니다.

"민결이가 집에서 읽는 독서량이 어느 정도 되나요?"
"학원 때문에 그렇게 많지는 않지만, 그래도 적당히 읽는 것 같아요."

독서하는 아이들에게 '적당히'는 없습니다. 이렇게 '적당히' 독서 중간자의 위치에 있는 것도 사실 쉬운 일이 아닙니다. 그나마 초등 저학년(1~2학년) 시기에는 간신히 30퍼센트 정도 된다고 말씀드릴 수 있습니다. 초등 고학년(5~6학년) 정도 되면 이런 중간자적인 아이는 10퍼센트도 채 안 됩니다. 책이 즐겁거나 싫거나 둘 중 하나가 대부분입니다. 아예 독서에 대한 생각을 하지 않고 있는 아이들도 무척 많습니다. 이런 거죠. 학원 숙제를 하거나 스마트폰 하거나 둘 중 하나입니다. 독서가 선택지에 없는 상황도 많습니다.

그나마 독서에 대해 이렇게 애매모호한 중간자적 위치에 있으려면, 무분별한 스마트폰 사용에 노출되지 않은 아이들이어야 가능합니다. 그리고 초등 입학 전 부모와 함께 많이 놀아본 아이들이어야 합니다. 비록 책 읽어주기는 아니었지만 부모가 바쁜 와중에 자주 놀아주려 노력하고 뭔가 활동적인 것도 해보고 하는 과정이 충분했던 아이들이어야 독서에 대해 중간자적 위치에 있습니다. 이들은 부모와 시간을 갖고 노는 것이 충분했기 때문에 부모와 함께하는 무언가에 대한 기대감이 있습니다. 그 기대감을 바탕으로 책에 대한 친근감을 형성하는 과정을 접목할 수 있습니다.

이 아이들에게 가장 먼저 할 일은 책 읽어주는 시간과 장소를 구체적으로 확보하는 겁니다. 갑작스럽게 책을 빨리 읽게 해야 한다는 불안에 학습지 공부하듯 책 읽기를 시키는 것은 지금까지 쌓아 올린 좋은 관계를 무너뜨리기 십상입니다. 그저 매일 꾸준히 엄마나 아빠와 놀듯이, 이제 책을 읽어줄 시간을 추가로 정합니다. 아이 입장에서 책 놀이를 하는 시간이 추가된 거죠. 엄마나 아빠가 나누어서 해주는 것도 좋습니다.

이 아이들에게 '책 읽어주기'를 할 때 중요한 건 '매일'입니다. 시간은 최소 20분 이상이 좋습니다. 이 시간 동안 핵심은 책을 재미있게 읽어주는 겁니다. 책 내용을 다시 물어 확인하거나 단어의 뜻을 물어보거나 지난 시간 읽었던 부분에 대해 질문하지 않습니다. 책의 이야기에 집중해서 읽어줍니다. 아이가 모르는 단어를 물어보면 그때만 보충 설명을 해줍니다. 책에 대해 좋은 기억을 넘어 추억을 만들어준다고 생각합니다. 그렇게 되려면 그 책을 읽어주는 시간이 엄마 아빠에게도 행복해야 합니다.

이 시기 아이들에게 한 가지 유의할 사항은 책 읽어주는 시간을 잠자는 시간으로 정하지 않습니다. 초등 이전(3~ 6세)부터 잠자는 시간에 읽어주었던 아이는 그 습관을 그대로 가져가도 됩니다. 그들은 어차피 책에 대한 긍정적 마인드가 형성된 이들이기 때문에, 소리 독서를 통해 '독서 굳히기'를 할 수 있습니다. 하지만 초등 입학 후, 독서에 대한 즐거움이 아직 없는 상태에서는 잠자기 전 자투리 시간이 아닌, 구체적으로 약속된 시간이 좋습니다. 방학 중이면 오전 시간을 정해도 됩니다.

초등 입학 이후 좋은 독서 습관을 위해서는 책 읽어주는 시간을 공식적으로 따로 마련하는 것이 좋습니다. 그렇게 하면 책 읽기를 '필요한 것'으로 인식하게 됩니다. 최소 6개월에서 1년은 책 읽어주기에 집중합니다. 그러고 나서 정한 그 시간, 그 장소에서 '소리 독서' 단계로 넘어가면 됩니다.

초등 입학 후 독서교육을 시작하는데 잠자는 시간에 책 읽어주기를 하다 보면, 다음 단계인 '소리 독서'를 할 때 시간과 장소를 정하기 어렵습니다. 아이 또한 책은 그저 잠자기 전에 잠깐 읽으면 된다는 생각에 따로 독서 시간을 마련하는 것에 대한 필요성을 느끼지 못합니다. 잠깐이나마 책을 읽었다는 데 만족감을 느끼기 때문입니다.

중간 단계인 아이들에게 독서교육을 처음 시작할 때는 엄마 아빠가 책 읽어주는 시간을 공식적으로 정해서 꾸준히 실천하시기 바랍니다. 장소는 거실 소파도 괜찮고 방에 앉아서 해도 됩니다. 아이 책상 옆에 의자를 놓고 해도 됩니다. 단, 침대에 누워 너무 편한 자세로 늦은 시간에 하는 것만 피하기 바랍니다.

6개월에서 1년 정도 집중해서 꾸준히 책 읽어주기를 하는 동안, 스마트폰과 최대한 거리를 두는 환경을 만들어야 합니다. 특히 책 읽어주는 시간이 끝나면 스마트폰을 보여주는 보상을 사용하는 것은 좋지 않습니다. 결국 책 읽기는 스마트폰보다 재미없다는 것을 각인시키는 결과밖에 되지 않습니다. 또 이 시기 유의할 사안은 엄마 아빠가 꾸준히 읽어주는 것을 중도에 포기하는 경우가 많다는 겁니다. 바쁘고 피곤하다는 이유로 이렇게 말합니다.

"오늘은 네가 혼자 읽으렴, 읽을 수 있지?"

아이는 물론 읽을 수 있다고 합니다. 그런데 그렇게 시작된 '혼자 읽기'가 결국 책을 읽지 않는 날들을 계속해서 만들어냅니다.

자녀와 함께 노는 시간의 일환으로 책 읽어주기를 꾸준히 해주고, 책 읽어주는 시간이 끝나면 간단한 간식을 먹으며 쉽니다. 쉬는 동안 아이는 읽은 책에 대한 감흥과 여운을 좀 더 누리게 됩니다.

초등 입학 이후 책 읽어주기를 하는 것이 느리게 진행되는 것 같고, 답답하게 느껴질 수도 있습니다. 그런데 이렇게 생각하셔야 합니다. 초등 이전에 책 읽어주기를 해서 책에 대한 긍정 기억을 각인시켜준 학부모님들은 보통 늦어도 자녀가 3세부터 6세까지 3년간 꾸준히 읽어준 분들입니다. 그것에 비해 6개월에서 1년은 그나마 짧은 겁니다. 그 정도 기간을 투자해서 '독서 중간자' 초등 자녀가 '적극 독서자'로 변모될 수 있다면 꽤 수익률이 좋은 겁니다.

독서를 거부하는 아이들을 위한 독서 성취감 높이는 법

그림도 아이와 함께 읽어라.

이지연, 《그 집 아들 독서법》

책에 대해 좋지 않은 기억이 누적되어 각인된 아이들은 보통 '독서 거부가' 또는 '독서 회피가'가 됩니다. 특히 초등 중학년(3~4학년)부터 눈에 띄게 늘어납니다. 요즘에는 초등 저학년(1~2학년) 아이들 중에도 이런 아이들이 제법 늘고 있습니다. 이런 아이들의 특징이 있습니다.

첫째, 책이 주어진 뒤 책을 읽기 시작할 때까지 오랜 시간이 걸린다.

둘째, 독서가 시작된 뒤 몇 분도 채 안 되어 화장실을 가거나 목마르다고 하며 물을 찾는다.

셋째, 책을 펼치고 있지만 몇 장 넘기지 않고 딴생각에 빠져 있다.

넷째, 책을 읽으라 하면 한 달 넘게 같은 책만 집어 든다.

다섯째, 한 권의 책을 다 읽기까지 오랜 시간이 걸린다.

여섯째, 교과서에 낙서가 되어 있다.

10년 전까지, 이렇게 책을 거부하거나 회피하는 아이들의 주된 원인은 독서를 즐거움보다 '글자'를 익히는 수단으로 사용했던 경우가 많았습니다. 그런데 지금은 한 가지 원인이 추가되었습니다. 초등 이전에 스마트기기에 노출되는 아이들이 많아지면서 책을 거부하는 아이들이 부쩍 늘었습니다.

스마트기기는 터치하는 순간 화면이 즉각 반응합니다. 스마트기기의 그림을 터치하면 그림이 움직이면서 소리를 냅니다. 이러한 즉각적인 반응에 익숙해진 아이들의 뇌는 그림 동화책을 보면 무척 답답해합니다. 아이가 그림 동화책을 터치해도 아무런 반응이 없기 때문입니다.

그냥 책이라는 물건이 '좋은 것'이 되려면, 책보다 더 즉각적인 반응을 보이는 물건들을 멀리하는 환경을 조성해야 합니다. 책이 좋은 점은 아이들의 특성이 잘 반영된다는 점입니다. 아이들은 현실과 상상의 경계가 모호합니다. 그래서 즐겁습니다. 동화책이 그렇습니다. 특히 아직 글자를 모르는 상태에서 동화책을 그림으로만 볼 때, 그리고 내가 신뢰하는 엄마의 목소리로 그 책의 이야기를 들을 때, 그 상상력은 더욱 날개를 폅니다. 그러나 스마트기기는 그런 상상력을 발휘하게 하는 시간을 주지 않습니다. 상상하는 즐거움을 빼앗아버리는 순간 '책'과의 이별이 시작됩니다.

책이 싫은 아이들은 엄마가 책을 읽어주려고 동화책을 집어 드는 순간 바로 딴짓을 시작합니다. 엄마가 책 읽어주면 어떤 일이 벌어질지 알기 때문입니다. 따분하고 지루하거나, 어려운 걸 물어보거나, 자꾸 읽어보라고 시키거나, 결국 혼나게 되는 상황 등을 오래전부터, 그리고 자주 접했던 것이지요.

초등 이전에 이미 책에 대한 거부감이 있는 아이들 중에서 초등 저학년의 경우 '그림 그리기'와 '종이접기'부터 시작합니다. '그림 그리기', '종이접기'가 독서교육에 무슨 연관이 있는지 상상이 잘 안 될 겁니다.

책을 거부하는 아이들의 경우, 책에 대한 거부감을 없애는 과정은 매우 오래고 더딥니다. 그 과정의 첫걸음은 아이가 이야기에 익숙해지게 하는 겁니다. 아이의 상상력을 자극하는 이야기를 함께 나누는 것이 시작입니다. 그 시작에 '그림 그리기'와 '종이접기'가 도움이 됩니다. 중요한 건 그 시간 함께하면서 상상을 자극하는 주제들을 던져주는 겁니다.

"우리 상어 그리기 해볼까? 세상에서 가장 귀여운 상어를 그려볼까? 아니면 가장 무서운 상어를 그려볼까?"

이렇게 상상력을 자극하는 질문과 함께 그림 그리기를 합니다. 이때 그림을 어떻게 그리는지에 초점을 두면 안 됩니다. 그림 그리기가 목적이 아니라 그림을 통해 상상을 자극하는 이야기를 나누는 것이 목적이 되어야 합니다. 아이들이 처음 책을 접하면서 재미를 느끼는 이유는, 엄마를 통해 책의 이야기를 들으며 상상하기 때문입니다.

종이접기도 마찬가지입니다. 종이접기가 목적이 아니라 종이를 접으면서 상상의 이야기들을 나누는 과정이 필요합니다. 초등 1~2학년까지는 이런 과정을 통해 아이들이 엄마, 아빠의 이야기 속으로 다시금 빠져들게 할 수 있습니다.

이렇게 엄마의 이야기, 아빠의 이야기에 대한 기대감을 키우고 나서 그제야 천천히 책 읽어주기 단계로 갑니다. 책이 싫어지게 된 아이들에게 책을 자꾸 들이밀면서 신경전을 벌이기보다 일단 엄마의 이야기가 재미있다는 인식이 먼저입니다.

결국 책 읽기는 누군가 함께 자주 이야기를 하면서 함께하는 시간이 절대적으로 필요합니다. 부모 입장에서 매우 더디고 답답할지 모르지만 그래도 아직까지는 책을 거부하는 것에서 좋아하게 변할 수 있는 여지와 기회가 있습니다.

초등 중학년 이상(3학년 이상), '독서 회피가', '독서 거부가'의 경우 근본적으로 책을 좋아하는 모습으로 변하기는 사실 매우 어렵습니다. 또 그림 그리기나 종이접기를 통한 상상의 이야기가 잘 전달되지 않습니다. 그보다는 '책임감' 및 '성취감'에 초점을 둡니다.

"수인아, 이제 너는 열 살이야. 열 살이면 책을 매일 40분 읽어야 해. 읽는 시간을 정하려고 하는데 너는 하루 중 언제 책을 읽는 시간으로 할 거니?"

책을 읽는 것이 어떠냐고 묻지 않습니다. 책을 읽는 것은 당위적으로 표현합니다. 즉, 책을 읽고 그렇지 않고에 대해서는 선택의 여지가 없습니다. 대신 언제 읽을 것인지 선택할 권한을 줍니다. 이때 장소는 거실이 좋습니다. 거실 소파에서 누워서 읽어도 됩니다. 엎드려서 읽어도 됩니다. 그리고 가장 중요한 것, 그 시간에 엄마나 아빠도 반드시 함께합니다. 독서교육이 안 되는 이유는 '독서교육'을 너무 쉽게 달성하려는 생각 때문입니다. 그냥 책만 주고 알아서 읽게 하려는 방식은 독서교육이 아닙니다. 아이들에게 축구공만 던져준다고 축구 실력이 늘지 않습니다. 감독의 코칭이 반드시 필요합니다.

매일 일정한 시간에 40분간 책을 읽을 때 옆에 있어줍니다. 적당한 간격으로 참 대견하다는 듯 머리를 쓰다듬어줍니다. 모르는 단어를 물어보면 바로 그 단어의 뜻을 친절히 설명해줍니다. 그리고 그렇게 단어를 물어보는 행위를 할 때마다 참 잘했다고 말해줍니다. 40분의 시간을 다 채우면 맛있는 간식을 줍니다. 간식을 먹으면서 아이가 읽은 책 이야기를 하면 아주 재미있게 들어줍니다. 읽은 책에 대한 이야기를 하지 않아도 됩니다. 절대 먼저 책 내용을 말하라고 하지 않습니다. 단지 힘든 일을 했으니 수고했고, 잘 쉬라는 편안한 느낌이 들게 해주면 됩니다.

이런 과정을 거쳐 책을 한 권 다 읽고 나면 포스트잇에 책 제목을 적어 거실 벽이나 냉장고 또는 아이 방 벽에 붙입니다. 책을 읽은 권수가 늘어날수록 벽에 붙인 포스트잇이 늘어나고 어느새 도배한 듯 가득 차게 됩니다. 그럼 그 앞에서 사진을 찍어 아이의 일기장에 붙여줍니다. 또는 그 사진을 매우 자랑스러운 일을 했다는 듯 액자로 만들어 잘 보이는 곳에 둡니다.

초등 중학년 이상의 책을 싫어하는 아이에게는 책을 좋아하게 만들기보다 책임을 다하는 모습과 성취감을 통해 습관을 들이는 것이 좋습니다. 책임을 다하면서 듣는 칭찬과 방 벽에 도배된 책 제목이 주는 성취감은 아이에게 또 다른 즐거움을 줍니다. 비록 책에 대한 직접적인 즐거움은 아니지만 적어도 책이 나에게 도움이 되는 것이라는 인식을 갖게 합니다. 그렇게 습관이 된 독서는 책을 즐기는 아이들 못지않게 높은 독서율을 가져올 수 있습니다.

어떤 경우든, 독서교육은 부모와 함께하는 기간이 절대적입니다.

독서 효능감이 높은 아이로 만드는 3가지 원칙

> 재미없고 어려운 책을 꾸준히 읽고 그 유익함을 얻은 사람보다
> 책 읽기를 포기하는 사람들이 더 많은 것이 현실이다.
>
> 곽동우, 《탄탄한 독서력》

'자존감'은 아이들에게 무척 중요합니다. 자존감이 높은 아이들의 경우 기본적으로 심리적 안정감을 유지합니다. 이 아이들도 외부로부터 상처를 받고, 관계 안에서 힘들어하고, 목표한 것에 도달하지 못해 좌절하지만, 그래도 회복 속도가 빠릅니다. 이러한 역할을 하는 자존감의 기저에 중요한 심리적 요소가 있는데요. 바로 '자기효능감'입니다.

"난 그럭저럭 쓸만한 사람이야."

"노력하면 해낼 수 있어."

"할 수 있어."

"완벽하진 않지만, 그래도 난 괜찮은 아이야."

이렇게 스스로 판단하는 아이는 '자기효능감'이 높습니다. '자기효능감'이 높은 아이들을 보고 있으면 기운이 납니다. 그 아이들은 눈빛만 봐도 이렇게 말하는 듯한 목소리가 들립니다.

"어디 신나는 거 뭐 없나요?"

"새로운 거 해보고 싶은데요."

"처음 하는 건데… 할 수 있을 것 같아요."

주로 어떤 역할을 담당하면서 그 역할에 충실한 능력을 갖추고, 더불어 타인으로부터 인정을 받으면 '자기효능감'이 높아집니다. 이런 아이들은 도전하기를 즐기고, 실패에 크게 낙담하지 않습니다. 지금은 실패했지만, 자신은 꽤 쓸만한 사람이기 때문에 언젠가 다시 성공할 것이라는 스스로에 대한 '신뢰'가 있습니다.

이러한 '자기효능감'은 다양한 '도전'들이 주어지는 환경에서 자라납니다. 여기서 '도전'이란 아이의 발달 수준보다 약간 높은 모든 활동을 말합니다. 포크를 사용하다가 젓가락질을 시작하는 일, 젓가락질을 하면서 작은 콩알을 집어보는 일 등 단계적으로 약간 높은 활동들이 되지요. 그러한 도전 앞에서 누군가 바라봐주고, 격려하고, 다시 시도하도록 안내해줄 때 '자기효능감'이 생깁니다. '자기효능감'은 실패냐 성공이냐에 의해 생기는 것이 아니라 도전하는 과정 중에 생깁니다.

　　독서가 습관으로 자리 잡힌 아이의 대부분은 이와 비슷하게 '독서 효능감'이 있습니다. 독서 효능감은 책을 통해서 뭔가 재미있고, 즐겁고, 유익하고, 쓸모 있는 것들을 얻을 수 있다는 생각입니다. 더불어 그러한 책을 읽고 내용 및 주제를 파악할 수 있는 능력이 있음을 스스로 자각하고 있는 상태를 말합니다. 읽는 행위에 대한 자신감이 있는 것이지요.

　　초등 고학년(5~6학년)이 되어도 저학년 아이들이 읽는 그림책을 집어 드는 아이들이 있습니다. 스스로 읽기 능력에 대한 효능감이 부족한 경우에 그런 모습을 보입니다. 이렇게 독서 효능감이 낮은 아이들은 책에 대해 이렇게 생각을 합니다.

'이 책은 글자만 많아. 읽다 보면 지루할 거야.'

'내용이 복잡할 거 같아.'

'시간을 때울 수 있는 그림책 몇 권 고르자.'

초등 고학년임에도 책 읽기에 대한 효능감이 낮은 아이들의 경우, 좋은 책을 아무리 많이 가져다주고 읽으라고 해도 소용이 없습니다. 독서 효능감을 높이는 것부터 시작입니다. 효능감은 갑자기 올라가지 않습니다. 단계별로 수행하는 과정과 그 과정 안에서의 긍정적 피드백이 동반되어야 합니다.

초등 고학년이지만 독서 효능감이 낮은 아이들을 위한 독서교육 방법은 다음과 같습니다.

첫째, 단편집부터 시작합니다. 단편집이란 보통 10쪽 안팎으로 하나의 이야기가 끝나는 내용으로 묶인 책을 말합니다. 톨스토이 단편집, 헨리 단편집, 이솝 우화집, 탈무드 이야기 등이 대표적인 단편집입니다. 단편집의 장점은 독서 호흡이 짧으면서도 성취감을 줍니다. 한 편의 이야기를 읽는 데 시간이 얼마 걸리지 않으면서 독서의 완결이 이루어지기 때문에 읽기에 대한 자신감을 심어줍니다. 독서 효능감이 낮은 아이들에게 중편 이상의 책을 며칠에 걸쳐서 읽게 하면 하루나 이틀만 읽지 않아도 흥미가 낮아지고, 앞의 이야기가 잘 기억이 나지 않아 끝까지 읽지 못하게 되는 경우가 많습니다. 그렇게 완결되지 못한 독서의 경험이 많아지면 독서 효능감이 더욱 낮아지게 됩니다. 하지만 짧은 단편집의 경우 이틀이나 사흘 정도 후에 읽어도 앞의 이야기와 연계 없이 새로운 이야기가 펼쳐지기 때문에 한 권의 책을 끝까지 읽게 될 확률이 높아집니다. 이렇게 독서가 완결되는 경험이 많아지면 자연스럽게 독서 효능감을 높일 수 있게 됩니다.

둘째, 독후 활동으로 토론보다는 이야기(줄거리) 말하기 과정이 좋습니다. 독서 토론은 책 내용과 더불어 자신의 주관적 의견을 동반합니다. 그 의견에는 뒷받침되는 근거를 대야 합니다. 하지만 독서 효능감이 낮은 아이들은 책 내용에 대한 이해도가 낮기 때문에, 독서를 한 뒤에 토론하는 과정이 매우 큰 부담으로 다가옵니다. 그보다는 읽은 책에 대한 줄거리 정도를 되짚는 과정이 좋습니다. 짧은 단편을 읽고 주인공이 무엇을 했는지 말하는 정도에서 시작합니다. 이러한 과정을 몇 번 거치면, 자신이 스스로 책을 읽고 내용을 파악할 수 있다는 자신감이 생깁니다. 이때부터가 독서 효능감이 굳어지게 되는 계기가 됩니다.

셋째, 책을 읽고 있을 때마다 반드시 칭찬을 합니다. 특히 한 편의 단편을 읽고 그에 대한 몇 가지 이야기를 늘어놓으면 즐겁게 경청하면서 리액션을 해주는 것이 필요합니다. 아이가 책에 대한 내용을 들려줄 때 흥미진진하고 즐거워하는 모습을 보여주면 그 자체로 훌륭한 칭찬이 됩니다. 책을 통해 누군가를 즐겁게 하고, 그에 따른 반응을 얻었다는 것은 아이 입장에서 보람과 의미 있는 일이 됩니다. 그 과정은 독서 효능감을 크게 높여 줍니다.

책 읽기에 익숙하지 않은 아이들은 글자를 몰라서 책을 멀리하는 것이 아닙니다. 책을 읽는 행위에 대한 자신감이 부족한 경우가 많습니다. 그 자신감은 단계별 책 읽기와 줄거리 말하기, 칭찬이라는 긍정적 피드백을 통해 천천히 채워나가야 합니다. 좋다는 책들을 억지로 읽히고 토론하게 하는 독서 토론방식으로는 독서 효능감이 높아지지 않습니다. 역시 책은 어렵다는 인식만 더욱 굳어지게 됩니다. 초등 고학년이어도 충분히 독서 효능감을 높일 수 있습니다. 일단 단편집으로 시작하시기 바랍니다.

초등학생을 위한
인문학 독서법

"교과서만 가지고 공부했어요."

글을 쓰기 전, 이 문장을 책상에 써서 붙이고 일주일 내내 사색했다.

언론과 방송에 나온 성적 우수자들이

얄미운 표정으로 말하는 공통된 말 중 하나다.

김종원, 《아이의 공부 태도가 바뀌는 하루 한 줄 인문학》

"인문학이란 무엇입니까?"

인문학이라 하면 신학, 철학, 역사, 문학, 사상, 문화, 종교, 심리, 정치, 경제, 사회 등을 아우르는 학문을 말합니다. 사물 및 인간이라는 존재의 탐구에서 시작합니다. 더불어 인간과 인간 간의 관계를 포함, 관련된 모든 것들에 대해 다룹니다. 시작도 없고 끝도 없는 신(神)의 영역까지도 다룹니다. 분량의 방대함과 내용의 깊이에 끝이 보이지 않지요. 인문학은 생명이 있는 어떤 존재들처럼 계속 진화하고 있습니다.

인문학이 발전할 수 있는 근본에는 인간의 '사유(思惟)'가 있습니다. 사유가 의심을 만들어내고 의심이 구체적인 질문을 던집니다. 그러면 그 질문이 또 다른 사유를 시작하고 관련된 학문의 깊이와 넓이가 확대됩니다. 결국 인문학을 통한 성찰은 사유, 의심, 질문의 반복된 여정을 통해 이루어집니다.

역사 속에서 이러한 사유, 의심, 질문이 동일선상에 머무르지 않고 누적되거나 심화될 수 있었던 이유는 '기록'에 있습니다. 그 방대한 기록의 대표적 사물이 바로 '책'이지요. 책의 인쇄 및 출판은 한 시대 및 사회에 막대한 영향력을 주었습니다. 새로운 지배계급이 생기고, 사라지고, 변혁을 거듭하는 원동력에는 '책'이 있었습니다. '책'은 인문학의 축적입니다. 책을 읽고 사유하고 의심하고 질문하는 여정을 할 수 있느냐 없느냐에 따라 인문학적 소양이 결정됩니다. 그 결정의 시기는 초등 독서에 달려 있습니다.

초등학생들에게도 책을 통한 사유, 의심, 질문의 인문학 여정을 누리는 과정은 매우 중요합니다. 이러한 과정은 대학교에 가서 갑자기 이루어지는 것이 아닙니다. 어린 시절부터 반복되어야 체득되는 과정입니다. 그 과정에서 인문학 독서 여정이 큰 도움이 됩니다. 핵심적 역할이라고 해도 됩니다.

독서를 하지 않는 학생들에게 인문학적 소양은 갖춰지기 어렵습니다. 그들은 즉각적이고 자극적이며 피상적인 정보 제공에 의지하고 사고하고 행동하는 모습을 보입니다. 사유가 아닌 말초적 반응에 가까운 생활을 하게 됩니다.

초등학생들은 그저 동화책 정도만 열심히 읽으면 된다는 생각에서 벗어나는 것이 시작입니다. 적어도 초등 중학년(3학년 이상)부터는 다양한 장르의 독서가 필요합니다. 물론 전제는 우리 아이가 '초보 독서가'를 벗어나고 매일 40분 이상의 독서 습관이 잡혀 있을 때 이야기입니다. 이 정도 수준이 아니라면 아직 인문학 독서로 확대는 무리입니다.

일단 편독에서 벗어나도록 다양한 독서 환경을 만들어줍니다. 편독은 아이들에게 독서를 통한 깊이 있는 사유와 성찰의 기회를 한정되게 합니다. 공룡에 대한 책만 읽는 아이, 자동차 관련 책만 읽는 아이, 역사 관련 책만 읽는 아이 모두 편독에 해당합니다. 그런데 동화책만 읽는 것도 마찬가지입니다. 많은 부모가 동화책만 보는 아이를 편독이라고 생각하지 않습니다. 동화책만 읽는 것도 편독입니다. 문학의 한 장르 중 하나만 읽고 있는 것이지요. 그 아이들에게 과학 관련 서적을 읽으라고 하면 거부하는 모습을 보입니다.

초등학생들에게 인문학을 위한 독서는 기본적으로 다양한 장르의 글을 읽는 데부터 시작입니다. 다양한 장르의 글을 읽는 것은 그에 대한 지식을 얻기 위한 것이 아닙니다. 관련된 질문들을 아이들이 할 수 있게 하는 데 목적이 있습니다.

다양한 장르의 글을 손쉽게 접할 수 있는 방법에는 어린이 신문이나 어린이용 잡지를 구독해서 보는 방법도 있습니다. 특히 어린이용 잡지 에는 다양한 분야의 소식들이 모여 있습니다. 사회, 문화, 철학, 경제 등을 어렵지 않은 어휘를 사용하여 설명합니다. 또 전문 용어가 등장할 때는 친절히 풀어서 설명합니다. 이러한 과정들이 아이들에게 사유할 수 있는 기초 정보를 자연스럽게 쌓아나가게 합니다.

사유(思惟)는 기본 속성상 '언어'를 통해 이루어집니다. 언어는 의미를 가진 어휘들로 구성되어 있지요. 사유를 할 수 있으려면 기본적으로 충분한 어휘를 습득한 상태여야 합니다. 그것도 한쪽으로 치우친 어휘가 아닌 다양한 분야의 어휘를 지니고 있어야, 그 어휘들이 사유를 통해 서로 통합된 질문을 만들어냅니다.

인문학적 접근을 잘하는 아이들은 정답을 맞히는 아이들이 아닙니다. 좋은 질문을 던지는 아이들입니다. 학생으로부터 생각지도 못한 좋은 질문을 들을 때면 뛸 듯 기쁩니다. 초등학생이라고 얕은 지식에 머물러 있다고 생각하면 오산입니다. 그들은 직관력이 뛰어나기 때문에 몇 가지 다양한 장르의 글을 읽는 것만으로도 멋진 질문을 합니다. 무언가 꿰뚫는 질문을 던진다는 것 자체가 그 아이는 충분한 사유를 했다는 증거가 됩니다.

유대인들이 노벨상을 휩쓸고 인류 역사에서 놀라운 학문적 업적을 만들어낼 수 있었던 이유는 어린 시절부터 인문학적 독서를 했기 때문입니다. 그들이 독서를 하는 목적은 책을 읽기 위해서가 아닙니다. 그들이 책을 읽는 이유는 책 속에서 답을 찾기 위해서가 아닙니다. 유대인들은 책 속에서 '질문거리'를 찾기 위해 독서에 파고드는 모습을 보입니다.

마지막으로 초등학생들에게 인문학적 소양을 높이는 독서방법 중 가장 탁월한 팁을 하나 드리겠습니다. 바로 교과서를 여러 번 읽게 하는 겁니다. 교과서만큼 다양한 장르를 학문적으로 세분화해놓은 건 없습니다. 내용 또한 각 학년 아이들의 발달 과정에 맞도록 최적화되었습니다. 국어, 도덕, 사회, 수학, 과학, 실과, 체육, 음악, 미술, 영어 이렇게 열 권입니다. 해당 학년 수준의 읽기 능력을 갖추었다면 하루에 한 권씩 읽을 수 있습니다. 아무리 길어도 2일 혹은 3일이면 한 권의 교과서를 충분히 읽습니다.

　혹시 수학책은 그렇게 읽을 수 없지 않느냐 질문할 수 있습니다. 아닙니다. 수학책도 읽을 수 있습니다. 기본 개념을 읽고, 수학책에 나온 문제도 읽습니다. 문제를 읽고 어떻게 풀어야 할지 정도만 떠올려보며 읽어나갑니다. 수학도 개념 이해의 독서를 하면 며칠 만에 교과서를 충분히 읽을 수 있습니다.

　교과서를 충분히 읽으면 좋은 질문거리를 만드는 능력이 생깁니다. 교과서마다 좋은 질문거리들이 항상 들어 있기 때문입니다. 즉, 교과서를 통해 내용의 이해뿐 아니라 어떻게 질문하는지도 배우게 됩니다. 자연스럽게 인문학적 질문 능력을 갖추게 되는 것이지요.

　이렇게 다양한 장르의 글을 충분히 접한 후에 교과 간의 통합이 이루어집니다. 교과 간의 통합을 다른 말로 표현하면 그것이 바로 인문학적 종합 소양 능력이 됩니다.

초등 아이들에게 인문학 독서는 멀리 있지 않습니다. 교육부에서 무료로 나눠주는 교과서만으로 충분합니다. 아이들에게 교과서를 충분히 읽히시기 바랍니다. 그냥 읽기만 해도 됩니다. 이보다 더 쉽고 효과적인 방법은 없습니다.

학교 수업이 즐거워지는
'교과서 5번 읽기'의 기적

교과서와 책으로 공부 그릇을 키운 아이는
평생 책과 더불어 사유하며 살게 된다.
잠시 인생에서 좌절을 맛보더라도
언제든 다시 돌아올 힘이 생기는 것이다.

고갑주,《교과서 읽기의 힘》

한 학기가 끝나고 방학을 하루 앞둔 교실, 아이들에게 책상 서랍과 사물함을 정리하게 합니다. 집으로 가져갈 것들을 챙기고, 버릴 것들은 버리고 아이들의 움직임이 분주합니다. 이때 아이들이 미소를 지으며 한 뭉치의 교과서를 들고서 물어봅니다.

"선생님, 이 교과서 다 배운 거 맞지요?"

그 질문을 하는 이유는 조금이라도 빨리 교과서를 버리고 싶다는 표현입니다. 아이들이 교실 뒤편에 버린다고 쌓아놓은 교과서를 넘겨보면 그림이나 낙서로 채워져 있거나, 마치 새로 받은 책처럼 깨끗하기도 합니다. 많은 아이가 학습에 대한 반감 또는 지겨움으로 교과서를 읽지 않고 빨리 버리고 싶다는 생각부터 합니다. 그들이 그렇게 교과서를 빨리 버리고 싶어 하는 이유는 또 있습니다. 혼자 읽기에 이해도 안 되고 어렵다고 느끼기 때문입니다.

교과서를 읽고서 혼자 이해하는 학생들이 점점 줄어들고 있습니다. 초등 5학년 사회 교과서의 일부입니다.

북쪽의 유목 민족이던 몽골은 칭기즈칸이 부족을 통일하여 세력이 강해지면서 주변 나라들을 침입했다. 몽골은 주변 나라에 물자를 바칠 것을 요구했고, 고려에도 사신을 보내 물자를 바칠 것을 무리하게 요구했다. (…) 몽골의 1차 침입 이후 고려는 도읍을 개경에서 강화도로 옮기고 몽골과 싸웠다.

엄마 아빠 입장에서 읽어나가는 데 큰 무리가 없습니다. 하지만 아이들은 다릅니다. 이 문장을 혼자 읽고 바로 이해할 수 있는 아이들은 학급 내 몇 퍼센트 정도 될까요? 많아야 10퍼센트 미만입니다. '유목민족', '물자', '사신', '도읍' 등의 단어는 일상에서 사용하는 말이 아니기 때문입니다.

소설이나 동화책이라면 몇몇 단어를 몰라도 이야기 맥락을 통해 짐작하거나 그림을 통해 예상해볼 수 있습니다. 하지만 교과서는 다릅니다. 핵심 내용을 축약해서 큰 줄기를 이어놓았기 때문에 이와 같은 단어들을 짐작하고 파악하기 어렵습니다. 더구나 단어뿐 아니라 배경지식도 필요합니다. '칭기즈칸'은 무엇이고, '고려'는 언제 생긴 나라이며, '몽골'은 어디에 있고, '개경', '강화도'는 어디인지 모르는 상황에서 교과서의 내용은 아이들에게 도무지 이해할 수 없는 문장이 됩니다. 결과적으로 사회 공부가 재미없어지는 순간입니다. 단어 및 배경지식까지 갖춘 아이는 학급 안에서도 5퍼센트 미만입니다. 그 아이들은 일반 서적뿐 아니라 교과서 읽기에 집중합니다.

초등 교과서는 가장 기본이면서 쉬울 거라고 생각하면 큰 오산입니다. 특히 초등 3학년부터 교과서의 내용은 아이들이 혼자 읽고 해석하기에 어려움이 많습니다. 교과서를 읽고 있는 순간이 가장 어려운 책을 탐구하고 있다는 생각으로 접근해야 합니다. 많은 부모들이 자녀와 교과서를 펼쳐놓고 공부할 때 자녀의 학습에 대해 혼내는 경우가 많습니다.

"교과서도 이해를 못 하면 어쩌려고 그래. 이건 기본인데."

교과서는 아이 입장에서 기본이 아닙니다. 초등 졸업 전에 배우고 익혀야 알 수 있는 지식 중 일부입니다. 특히 교과서는 많은 내용의 분량을 자세히 풀어서 서술하는 방식이 아닌 큰 줄기를 잡고 가지 치는 방식으로 설명되어 있어 아이 혼자 익히기에 무리가 있습니다. 더구나 평소 독서량이 적었던 아이라면 읽기 어려운 책이 됩니다. 학년이 올라갈수록 교과서를 소리 내어 읽지만 그 뜻을 모르는 아이들이 많아집니다.

교과서를 일정 분량 꾸준히 의무적으로 읽게 하는 습관이 필요합니다. 특히 그날 수업에서 배울 내용을 미리 읽는 과정은 학교에서의 수업 이해도를 높입니다. 하지만 매일매일 다음 날 수업 부분을 초등학생이 혼자 챙겨서 읽고 가는 것은 생각보다 쉽지 않습니다. 좋은 방법은 학교 진도에 구애받지 않고 일주일 간격으로 국어, 사회, 과학 교과서를 읽어나가는 것입니다. 하루 30분씩 일주일이면 한 과목, 한 학기 분량의 책을 읽을 수 있습니다. 읽으면서 이해가 되지 않는 부분의 단어나 문장을 표시해놓고 그 부분은 엄마나 아빠가 간단히 설명해주면 됩니다. 이 과정을 5개월 정도 하면 국어, 사회, 과학 교과서를 적어도 다섯 번씩은 읽게 됩니다. 그것이 쌓이면 다음 학기 교과서를 읽는 데 자신감이 생깁니다. 학교 수업 내용 이해도가 높아져 교과 내용에 흥미가 생기고 스스로 관련 자료를 더 찾아보는 단계에 이릅니다.

가장 주의해야 할 과정은 교과서를 읽지도 않고 문제집을 푸는 겁니다. 문제집 앞의 해설을 읽고 바로 문제 풀이를 시작하면 모든 문장들을 다 외워야 한다는 압박감에 학습이 싫어집니다. 교과에서 말하는 큰 줄기를 찾기보다 단편적으로 암기해야 하는 문제에 멈추어버립니다. 교과서를 충분히 읽지 않고 문제집 해설만 참고해서 읽기 시작하면 사고 과정의 단절이 생깁니다. 또 문제집의 해설 과정은 교과서 내용을 정리해서 적어놓은 것이기 때문에 문장으로 이루어진 지문을 읽고 해석하는 능력을 갖추기 어렵습니다.

우리 아이가 학습에 자신이 없고, 공부에 싫증을 느끼고, 평소 독서를 너무 하지 않는다면 그리고 그런 생활이 너무 오래 지속된 상태에서 일단 학습력을 단기간에 일정 수준에 올리고 싶다면, 가장 좋은 방법은 교과서를 반복해서 읽는 것입니다.

《7번 읽기 공부법》을 쓴 야마구치 마유(도쿄대 수석합격, 재학 중 사법고시 및 1급 공무원 합격)는 자신의 책에서 이렇게 말합니다. "결코 천재가 아닌 나를 도쿄대 수석으로 만들어준 힘은 다름 아닌 '읽기 공부법'의 확립입니다."

그는 나름의 경험을 바탕으로 '7번 읽기 공부법'을 자세하게 적고 있습니다. 초등학생들에게 입시 준비를 위한 공부법을 그대로 진행하기에는 무리가 있습니다. 하지만 적어도 교과서를 통독하는 과정은 학생들에게 자신감을 줍니다. 일곱 번까지는 아니어도 다섯 번 정도만 정독하는 과정을 거쳐도 아이들은 교과서 읽기에 두려움을 갖지 않을 수 있습니다.

학기를 마치고 교실 사물함을 정리하면서, 무거운 책들을 끝까지 버리지 않고 집으로 챙겨가는 아이들은 다름 아닌 교과서를 충분히 읽은 아이들입니다. 그 아이들은 교과서의 내용이 얼마나 흥미 있고 다양한 지식으로 연결되는지 잘 알고 있습니다. 그래서 그 소중함을 잊지 않습니다. 참으로 아이러니합니다. 충분히 읽은 아이들은 교과서를 챙기고, 충분히 읽어야 하는 아이들은 교과서를 버립니다. 우리 아이는 어느 위치에 있는지 확인해보시기 바랍니다.

우리 아이 독서력을 높이는 책 고르기 5원칙

"책장을 바라보는 것도 독서입니다."

사이토 다카시, 《독서력》

대형 서점에 가면 어린이책 코너가 있습니다. 어린이 동화책부터 학습 만화, 교과서에 나오는 소설 모음 책, 청소년 권장 도서 등이 있습니다. 그곳에 가면 아이 엄마들의 진지한 얼굴들을 볼 수 있습니다. 우리 아이에게 어떤 책을 사주면 좋을지 고민하고 또 고민합니다. 그런 고민을 아는지 모르는지 아이들은 어린이책 코너 사이 적절히 배치해놓은 장

난감들에 시선을 뺏깁니다. 결국 엄마가 대여섯 권의 책을 들고 아이에게 펼쳐주면서 어떤 책이 마음에 드는지 묻습니다. 어렵사리 골라왔는데 아이가 읽지 않으면 속상해 결국 아이에게 화를 냅니다.

좋은 책도 골라야 하고 우리 아이가 잘 읽게도 해야 하고, 어머님들이 서점에만 가면 진지할 수밖에 없는 이유입니다. 그 진지함을 조금 내려놓으셔도 됩니다. 완벽한 책 선정에 대한 부담을 내려놓는 것이 출발입니다. 그 출발선에서 자녀에게 책을 잘 선정해주는 몇 가지 방법을 말씀드립니다.

첫째, 서점에서 다섯 권을 구입하면 그중 한 권만 읽어도 성공했다고 생각하시는 것이 좋습니다. 그 한 권을 두 번, 세 번, 네 번 읽으면 됩니다. 읽은 책 한 권에 관심을 갖고 대화를 나누는 과정에 몰입하는 것이 훨씬 더 효과적입니다. 새로 샀는데 읽지 않는 책에 대해 관심을 두고 그 책을 읽으라는 데에 집중하면, 아이 입장에서 책이 재미있기보다는 부담스럽게 됩니다.

둘째, 가급적 가까운 도서관에서 한 번에 여러 권의 책을 빌려 보는 것이 좋습니다. 도서관마다 약간씩 다르지만 보통 한 번에 대출할 수 있는 책의 권수가 3~5권 정도 됩니다. 일단 여러 권을 빌려오고 정해진 기간 동안 그중에 한 권만 읽어도 성공입니다. 아이 입장에서 표지만 보고 골랐는데 막상 읽다 보면 재미없는 책도 있습니다. 재미없는 책을 끝까지 읽어야 한다고 강요하기보다 재미있는 책을 골라서 읽고 싶은 만큼 여러 번 읽게 하는 것이 더 좋습니다. 그렇게 하자면 도서관에서 책을 빌려 올 때 한 번에 빌릴 수 있는 최대한으로 양껏 골라오게 하는 것이 좋습니다. 다 읽지 않아도 좋으니 일단 여러 권을 집어오게 합니다.

셋째, 공공도서관이 가까이 있지 않다면 학교 도서관을 이용합니다. 학기 중에는 매일 학교를 가기 때문에 책을 대출하고 반납하기가 쉽습니다. 공공도서관만큼 많은 책이 있지는 않지만, 학교 도서관의 장점은 생각보다 새로 구입하는 책들이 제법 많다는 겁니다. 학교 도서관은 도서 보관 장소가 제한적이기 때문에 매년 일정 분량의 오래된 책들을 정리하고 그 자리에 새로운 책들을 채워 넣습니다. 학교 도서관도 한 번에 3~5권 정도 대출이 가능하기 때문에 한 번에 최대한 많은 책을 대출하고 그중 1~2권 정도만 읽어도 좋습니다.

넷째, 아이들이 재미있게 읽었던 동화책을 눈여겨보았다가 같은 제목으로 다른 출판사에서 출간한 책을 보여주는 것도 좋은 방법이 됩니다. 특히 전래동화나 유명한 외국 전통 동화는 다양한 출판사에서 책이 출간됩니다. 똑같은 이야기라도 그림 및 사용하는 어휘가 다릅니다. 어느 책은 이야기가 더 풍성하고 어느 책은 축약되어 있기도 합니다. 똑같은 이야기의 책이지만 아이들이 읽어보면 차이를 느낄 수 있게 됩니다. 이러한 과정을 통해 어떻게 이야기를 구성하는 것이 더 재미있는지, 똑같은 상황인데 단어를 바꾸어 사용할 수 있다는 것도 알게 됩니다.

다섯째, 어린이책 중고 서점을 이용하는 것도 좋은 방법입니다. 요즘에는 중고 서점이 온라인 및 오프라인으로 잘 갖추어져 있습니다. 단, 한 가지 유의점은 중고 서점에서만 책을 사는 것은 권하지 않습니다. 중고 서점과 일반 서점을 병행하시길 권합니다. 최신 번역된 동화 및 한국의 좋은 동화작가들의 책들이 매년 엄청난 분량으로 쏟아집니다. 그런 책 중에 몇 권을 사서 읽어보는 것도 아이들에게 선물 같은 기쁨을 줍니다. 몇 개월 후에 그중 충분히 읽었거나 읽지 않는 책이 있으면 중고 서점에 가져가서 일정 금액을 받고 내놓으면 됩니다. 물론 절반 가격도 되지 않지만, 계산해보면 새 책을 중고 도서 가격으로 사서 읽게 되는 것과 마찬가지입니다.

여섯째, 집에서 1~2년씩 읽지 않는 책들을 쌓아놓지 말고, 일정 기간이 되면 아이와 함께 책 정리 놀이를 하는 것도 좋습니다. '소중히 간직하고 계속 읽고 싶은 책', '읽었으나 또 읽지 않아도 되는 책', '읽지 않았으나 읽고 싶지 않은 책'으로 구분합니다. 그리고 선택되지 않은 책들을 과감히 중고 서점이나 재활용 센터에 보냅니다. 그리고 그 자리를 시간을 두고 중고 서점이나 책방을 다니면서 3~4권씩 책들로 채워 넣습니다. 책장의 빈자리는 아이들에게 여유로움을 줍니다. 새로운 책들을 채워놓고 싶은 작은 욕구가 시작되는 출발점입니다. 자녀의 책장을 늘 좋은 책으로 가득 채워놓아야 한다는 생각에서 자유로울 필요가 있습니다. 약간의 결핍이 책에 대한 욕구를 더욱 강하게 만듭니다.

자녀의 독서력을 높이는 가장 좋은 방법은 따로 있습니다. 바로 자녀에게 읽어줄 책을 미리 읽어보는 겁니다. 그리고 그 책을 실감나게 직접 읽어주는 겁니다.

엄마가 미리 읽어본 재미있는 책은 자녀에게 실감나게 읽어줄 수 있게 됩니다. 또 책 내용에 대해 자녀와 자신 있게 이야기를 나눌 수 있습니다. 책을 직접 읽어주지 않더라도 무슨 내용인지도 모른 채 책을 건네주는 것과 엄마가 읽어보았는데 재미있는 책을 전달해주는 것은 큰 차이가 있습니다. 재미있을 것 같다는 기대감이 아이로 하여금 책을 펼치기까지의 시간을 단축시킵니다.

최대한 자주 가까운 도서관, 마을 서점, 대형 서점 등을 자녀와 함께 다녀오시길 권합니다. 그리고 책방에 다녀오면서 우리 아이가 좋아하는 짜장면, 피자, 떡볶이 등을 같이 사 먹는 것도 좋습니다. 책을 보러 가는 날은 뭔가 좋은 일들이 함께 있는 소소한 추억들이 아이들에게 독서에 대한 긍정적 생각을 갖게 합니다. 책과 함께하는 즐거운 추억이 아이들로 하여금 지금 볼 책들을 좋은 책으로 만들어줍니다.

좋은 책은 우리 아이가 재미있게 읽은 단 한 권의 책입니다. 읽지 않은 책들에 미련을 두지 말고, 앞으로 읽을 책들을 찾는 여정을 즐겁게 만들어주시기 바랍니다. 많은 책이 필요하지 않습니다. 오늘 빌린, 혹은 오늘 구매한 몇 권의 책 중에서 단 한 권만 다 읽어도 성공입니다. 그 책이 좋은 책입니다. 그리고 짜장면은 덤입니다.

독서력을 완성하는 2가지 독후 활동

'서평'을 쓰기 위해 책을 읽는 것이 아니다.

도이 에이지, 《그들은 책 어디에 밑줄을 긋는가》

'독후(讀後) 활동'을 들어보셨나요? 책을 읽은 후 관련된 활동을 하는 것입니다. 매우 다양한 '독후 활동'이 있습니다. 예전에는 독후 활동이라 하지 않고 '독서 감상문', '독후감'이라고 했습니다. 즉, 독후 활동이 주로 감상문 쓰기에 국한되었지요. 방학이 끝나고 개학 즈음이면 밀린 일기와 독후 감상문 숙제를 하느라 바빴던 초등학교 시절이 있을 겁니다. 당시 책을 읽는 목적이 독후감 숙제를 하기 위한 수단이었습니다. 독후감의 마지막은 대부분 이런 말로 마무리를 했지요.

"나도 에디슨처럼 훌륭한 과학자가 되고 싶습니다."
"나도 슈바이처처럼 어렵고 힘든 사람들을 도와주고 싶습니다."

초등 중학년(3~4학년)까지 가급적 독후 감상문은 쓰지 않는 것이 좋습니다. 쓰더라도 가끔 쓰는 정도를 유지하는 것이 좋습니다. 글쓰기 실력을 높이기 위해 독후 감상문을 써야 한다고 주장하는 이들도 있습니다. 독후 감상문이 글쓰기 실력에 조금 도움이 될지는 모르지만 독서력을 높여주지는 않습니다. 오히려 감상문을 써야 한다는 부담은 책 읽기를 주저하게 만듭니다.

글쓰기 실력을 높이기 위해 꼭 독후감을 고집할 필요는 없습니다. 다양한 주제를 가지고 얼마든지 글쓰기 능력을 향상시킬 수 있습니다. 그리고 글쓰기 능력을 키우고 싶다면, 독후감이 아닌 다독(多讀)이 더 필요합니다. 글쓰기는 결국 다른 이들의 많은 글을 보고 자신의 글을 만들어가는 긴 여정입니다. 글쓰기에 관련된 깊은 이야기는 다음 책인 《초등 글쓰기 습관 60일의 기적》을 통해 다루겠습니다.

자녀의 독서 활동에 도움이 되는 '독후 활동' 몇 가지를 소개해드리겠습니다. 독후 활동은 어디까지나 책 읽기를 더욱 재미있게 만들어주고, 책을 통해 유의미한 즐거움이 있었음을 확인하는 과정에 목적을 두어야 합니다. 독서가 독후 활동을 하기 위한 수단이나 방법이 되어서는 안 됩니다.

시중에 독후 활동이라는 이름으로 많은 학습 활동을 묶음으로 정리해서 판매되고 있습니다. 표현만 독후 활동이지 실제적으로는 '독후 학습지'입니다. 독후 학습지는 독서력을 높이기 위한 것이 아닙니다. 독서 후 관련 내용을 기억하거나 정리 및 분류하는 논리력 학습입니다. 초등 저학년 아이들에게 독후 학습지는 독서에 대한 매력을 떨어뜨립니다. 독후 활동은 정말 '활동'이 되어야 합니다.

독후 활동 중 가장 하기 쉬우면서 역동적인 활동이 바로 목소리 흉내 내기입니다. 등장인물의 대화 중에 마음에 드는 대사를 골라 큰 소리로 흉내 내는 기회를 줍니다. 어떤 장면이라도 괜찮습니다. 글 속에서 떼를 쓰거나 소리를 지르거나 현실에서는 아이들이 해서는 안 될 것 같은 말들을 책 속의 대사를 통해 대신해보는 경험을 할 수 있게 합니다. 대사를 하면서 행동을 같이 해도 좋습니다. 이런 과정은 등장인물에 대한 감정이입을 적극적으로 도와주는 역할을 합니다. 또한 아이 나름의 세계에서 작은 카타르시스를 느끼게 해줍니다. 책 속 멋진 이야기가 현실에서 재현되는 듯한 느낌을 가지게 할 수도 있습니다. 책을 다 읽은 후 바로 책을 덮는 것이 아니라, 책 속 인물이 되어보는 과정입니다. 이러한 독후 활동은 책 속에서 마음에 드는 대사를 마음껏 소리쳐보게 하는 것만으로 충분합니다.

총싸움을 하는 영화를 본 아이들은 쉬는 시간이면 총싸움 놀이를 합니다. 멋진 요술 지팡이가 나오는 만화 영화를 본 아이들은 요술 지팡이 놀이를 합니다. 독서도 마찬가지입니다. 책을 즐겁게 읽고 난 뒤 아이들에게 마음에 드는 등장인물의 목소리를 직접 연출해보면서 놀게 하는 과정은 독서 후 자연스럽게 이끌어낼 수 있는 놀이가 됩니다. 독서에서 이어지는 즐거운 놀이는 다음 책을 읽는 원동력이 됩니다. 책도 읽고 이어지는 재미있는 놀이가 책에 대한 기대감을 높여줍니다.

정적인 독후 활동도 있습니다. 무척 재미있어하는 책이나 자주 읽은 도서의 경우, 관련된 찰흙 놀이를 하는 것도 좋습니다. 5~6학년 아이들도 즐겁게 합니다. 책 속에 등장하는 인물, 동물, 물건 중에서 실제로 있었으면 정말 좋겠다고 생각되는 것들을 만들어보게 합니다. 특히 내향적인 아이들에게 이 독후 활동은 인기가 좋습니다. 말없이 책을 읽을 때 느꼈던 내면의 역동을 찰흙으로 다시 재현합니다. 이때 유의할 점은 찰흙으로 책 속 내용을 정교하게 잘 만드는 것에 초점을 두지 않도록 합니다. 찰흙으로 하는 독후 활동의 목적은 좋아하는 책 내용의 일부를 현실화하는 시도에 있습니다. 책 속에 등장하는 멋진 궁전, 사랑스러운 강아지, 귀여운 캐릭터 등을 현실화하는 과정 중에 그들을 직접 만나고 싶다는 마음을 채워나갑니다. 찰흙으로 만들어진 책 속의 세상을 보면서 가슴으로 느끼게 됩니다. 즐겁게 읽었던 책 속 세상에 대한 그리움입니다. 이 그리움은 또 다른 책으로 이어집니다.

6학년 학생들에게 《해리포터》의 일부분을 읽게 하고 찰흙으로 만드는 독후 활동을 진행한 적이 있습니다. 아이들은 《해리포터》에 등장하는 신기한 물건 및 캐릭터를 만들었습니다. 다 만들고 나서 아이들에게 새겨진 것은 그 책을 더 읽고 싶다는 욕망이었습니다. 어떤 아이들은 학교 도서관에서 다음 이야기를 빌려 읽었고, 몇몇은 사서 읽어보았다고 했습니다. 이렇게 지속적인 책 읽기로 연결되어야만 진정한 독후 활동이 됩니다.

어떤 독후 활동이든 기본은 재미있게 읽은 책으로 진행해야 합니다.

'내가 읽은 책이 참 좋다', '내가 읽은 책이 참 재미있다'는 그 생각을 독후 활동으로 누리게 하는 겁니다. 책을 읽었는데 별로 재미있지도, 무슨 내용인지도 모르는 책으로 독후 활동을 계속 이어나가는 건 독서력에 전혀 도움이 되지 않습니다. 재미없는 책의 긴 연속일 뿐입니다. 독후 활동을 할 때는 읽었던 책이 자녀에게 감동을 주었거나, 재미있었거나, 호기심을 채워준 무언가 있을 때입니다. 독후 활동을 하면 책 내용을 오래 기억하지 않을까라는 생각으로 진행하는 것은 바람직하지 않습니다. 그럴 때는 재미있을 것 같은 다른 책을 찾아 읽는 것이 더 효과적입니다.

독후 활동으로 아이들에게 감상문을 작성하고, 책 내용의 줄거리를 요약하고, 주요 사건들을 나열하는 등의 독서 학습지를 풀게 하고픈 유혹을 이겨내시기 바랍니다. 그건 교과서를 읽고 내용을 요약하고, 주요 내용을 정리 및 암기하는, 중간고사 및 기말고사를 준비하는 수험생들이 해야 할 과정입니다. 수험생들이 시험이 끝나면 가장 먼저 하고 싶어 하는 일이 문제집과 교과서를 버리는 일입니다. 우리 아이들이 잘못된 독후 활동으로 책들을 갖다 버리고 싶다는 욕망을 심어주지 않기를 바랍니다.

5장

초등 학부모가
가장 궁금해하는
독서교육 Q&A

우리 아이, 어디서 책을 읽는 게 좋을까요?

초등 자녀를 둔 가정의 '거실 환경'에 대해 질문드립니다. '거실 환경'이 중요하니까 말씀을 하시는 거겠죠. 그런데 궁금한 게 '공부방'에 대한 이야기가 아니라, 식구들이 다 같이 사용하는 '거실'을 말씀하시는 이유가 있나요?

보통 초등학교 들어가기 전부터 아이들 방을 따로 만들어줍니다. 그리고 초등학교에 들어갈 시기가 되면 어느새 책상과 책들이 가득한 방으로 바뀌어 있죠. 공부에 집중할 수 있는 방으로 만들어주면 효과가 좋을 거라 생각하고요. 우리나라에는 통계가 없어 일본 도쿄대 학생들을 대상으로 한 설문 결과를 말씀드리겠습니다. 도쿄대 학생의 절반 이상이 어린 시절 자기 방이 아니라 거실에서 공부했다고 합니다. 심지어 거실에서 공부하던 아이가 공부방을 따로 만들어 학습을 시작한 후 60~70퍼센트 확률로 성적이 떨어졌다 하고요. 성적이 떨어졌다는 건,

관련된 공부 및 독서량이 줄어들었음을 의미하죠.

어릴 때 자기 방에서 혼자 집중해서 책을 읽거나 공부하는 것보다 오픈된 거실에서 독서나 공부를 하는 게 더 효과적이라는 걸까요? TV도 있고, 엄마가 부엌에서 설거지하는 소리도 다 들리고 시끄러울 텐데요.

두 가지 관점에서 보셔야 합니다. 첫 번째는 초등학생이나 그 이전의 아이들은 자기 방에서 혼자 공부하거나 책을 읽을 수 있는 자기주도력이 미흡하다는 것이고요. 두 번째는 보호자와 함께할 때 아이들은 바른 생활 및 독서 습관 그리고 기초 탐구 능력에 대한 실마리를 찾을 수 있다는 겁니다. 거실은 이 두 가지를 완벽하게 해결할 수 있는 공간이 되고요. 이를 잘 활용하셔야 합니다.

자기주도력 및 독서 습관이 미흡하다는 말은 알겠는데 기초 탐구 능력의 실마리를 찾을 수 있다는 게 뭔가요?

쉽게 표현하면 아이들이 책을 읽다가 모르는 단어나 궁금한 내용이 생겼을 때 바로바로 물어볼 수 있는 대상이 있다는 거죠. 엄마가 설거지를 하다가도 아이가 거실에서 물어보는 것에 반응할 수 있죠. 별것 아닌 것 같은 물어보고 답해주는 과정이 기초 탐구 능력의 첫 단추가 됩니다. 그러한 환경에 노출되느냐 아니냐가 아이의 독서력 및 인지적 능력에 상당한 차이를 보이게 되죠. 그래서 초등이나 그 이전의 아이들은 거실에서 지적 호기심을 채우는 과정을 겪게 하는 것이 중요합니다.

그렇다면, 보통 거실에 텔레비전이 있잖아요. 소파에 앉아서 TV를 보는 경우가 많은데 거실 TV를 없애고 책상을 놓아야 하나요?

TV를 없앨 필요는 없습니다. 혹시 오해하실 것 같아 분명히 말씀드립니다. 아이들 공부방을 거실로 옮기라는 말이 아닙니다. TV를 없애고, 아이 책상을 거실에 놓으라는 것이 아니에요. 그저 아이들이 무언가 호기심이 나서 물어보았을 때, 바로 함께 해답을 찾는 열쇠들이 거실에 있으면 됩니다.

해답을 찾는 열쇠들이라… 구체적으로 뭔가요?

세계지도, 우리나라 전도, 동식물 도감, 사회과부도, 영어사전, 한자사전 등입니다. TV를 보다가 아이들이 갑자기 물어봅니다. "엄마 '부동산'이 뭐야?" 그때 직접 말로 설명할 수 있는 경우도 있지만, 부모도 애매하거나 잘 모르는 것이 있어요. 그때 엄마도 거실에서 바로 사전이나 관련 도감을 통해 찾아서 알려주는 거죠.

인터넷으로 찾으면 금방 나오는데 사전이나 관련 도감 책이 필요한가요? 물어보면 바로 스마트폰으로 검색해서 알려주면 되지 않나요?

그것도 하나의 방법이 될 수 있습니다. 하지만 저는 될 수 있으면 손으로 직접 도감 등을 뒤적이면서 찾는 과정을 자녀와 함께하라고 권합니다. 예를 들어 '코모도 도마뱀'이 궁금해서 바로 인터넷을 검색하는 것과, 동물도감을 펼쳐, 목차를 살펴보고, 기역(ㄱ), 니은(ㄴ) 순서를 되짚어가며 찾는 행위는 '뇌' 활동에 엄청난 차이를 보입니다. 검색은 그냥 뇌가 편히 기다리는 거죠. 하지만 동물도감을 뒤적이면서 스쳐 지나가는 다른 동물들의 모습들도 보게 됩니다. 또한 앞뒤로 넘겨가며 '이제 여기쯤 나올 것 같은데…'라고 예측하는 과정들이 뇌를 자극하여 새로운 시냅스를 만드는 역할을 하죠. 그러다가 '코모도 도마뱀'을 찾아낸 순간 작지만 학습하는 과정의 '희열'을 느끼게 되는 겁니다.

왜 어릴 때, 좀 잘사는 친구 집에 가면 전집 같은 백과사전이 가득 있었잖아요. 뭐 사실 먼지만 가득 쌓인 채 있기는 했는데 그렇게 해야 한다는 건가요?

전집을 세트로 놓는 것을 권하지 않습니다. 예를 들면, 역사 혹은 과학 관련 전집을 수십 권 세트로 마련하시는 분들도 있는데요. 그렇게 하면서 말씀하시죠. "틈나는 대로 읽어라"라고요. 하지만 아이들은 그 권수에 위압감을 느낍니다. 아이가 관심 있는 분야에 대한 책 위주로 서점에서 한두 권씩 사 놓으시면 됩니다. 그렇게 부모의 의욕만 앞서서 전집으로 사놓으시면 자꾸 아이를 압박하게 돼요. 비싸게 돈 들였으니 본전을 뽑아야 한다고 생각하죠. 그저 아이가 호기심을 느낄 때 찾아보고 뒤적거려볼 무언가가 몇 개 있으면 됩니다.

거실에 세계지도를 붙이고, 식물도감 같은 책도 몇 권 구비하고, 영어사전, 국어사전도 갖다 놓는 등 열심히 준비했는데 아이들이 관심 없으면 어떡하죠?

그런 환경을 만들었다고 해서 우리 아이가 갑자기 독서력이 월등히 높아지고, 지적 호기심이 넘쳐나며 탐구형으로 바뀔 거라고 말씀드리는 건 아닙니다. 지도를 붙여놓으면 처음 하루 이틀은 관심을 갖습니다. 그리고 이내 무슨 장식품인 양 지나치는 것이 자연스러운 현상입니다. 국어사전을 갖다 놓아도 1년 내내 찾아보지 않을 수도 있고요. 하지만 부모가 그러한 것들을 활용하는 모습을 보면 아이들은 자연스럽게 그 과정을 모방합니다. 거실이 그저 텔레비전을 보고 소파에서 누워 있는 공간이 아니라, 우리 아빠가 뉴스를 보다가 모르는 시사 용어가 나오면 바로 사전을 뒤적이면서 찾아보는 공간으로 바뀌어야 하는 거죠.

지적 호기심을 채워줄 수 있는 도구로 몇 가지 책들 및 자료를 말씀하셨잖아요. 세계지도, 국어사전, 식물도감 등… 이 가운데 제일 먼저 거실에 두기를 추천하는 게 있다면 뭔가요?

주저 없이 말씀드릴 수 있습니다. 세계지도입니다. 학교에서 주는 사회과부도 역시 좋습니다. 제일 권장하는 건 바로 지구본입니다.

지구본이요? 왜 그렇죠?

알게 모르게 우리가 텔레비전을 보면서 하루에도 몇 번씩 다른 나라 혹은 도시 이름을 듣습니다. 하다못해 매일 뉴스에서 날씨를 예고하면서 제주의 기온, 제주의 강수량 등을 말하죠. 가장 활용도가 많은 것이 지도고요. 그중에 지구본을 추천합니다. 지구본은 아이들이 들고 다닐 수도 있고요. 돌려가며 찾는 과정이 흥미를 높입니다. 그리고 입체적이지요. 가족과 외국 여행이라도 다녀오신다면 반드시 거실에 앉아 지구본으로 가는 길을 찾아보시기 바랍니다. 비행 시간은 얼마가 걸리고,

어느 나라를 혹은 어느 바다를 거쳐 가는지 이야기가 이어집니다. 지역 이름에서 시작되어, 기후, 문화, 역사 등 다양한 지식으로 연결됩니다.

첫 번째가 지구본이군요. 지구본을 갖다 놓았다면 두 번째로는 무엇을 추천해주실 건가요?

아직 초등학교 이전이라면 식물도감, 동물도감을 추천하고요. 초등 시기 이후라면 그림이 들어가 있는 국어사전을 추천합니다.

초등 이전과 이후로 나누신 이유가 있나요?

네, 글자를 알고 있는지 아닌지를 기준으로 나눈 겁니다. 요즘 초등 이전에 글자를 읽게 하는 경우가 많아서, 그건 아이마다 차이를 두시면 될 것 같고요. 글을 읽을 수 없다면 그림 위주의 자료, 글자를 읽을 수 있다면 글자와 그림이 적절히 섞인 사전을 추천합니다. 일단 초등 시기에 더 집중해서 말씀드리면, 국어사전은 2년 단위로 업그레이드하시는 것이 좋습니다. 그림이 많은 것에서 점차 예문이 많은 것으로 바꾼다고 생각하시면 됩니다.

거실에 이렇게 아이들의 지적 호기심을 채워놓을 재료들을 구비했습니다. 이제 우리 학부모님들이 유의해야 할 게 있다면 뭘까요?

'함께' 찾아봐야 합니다. 아이들이 궁금하다고 할 때, "그건 국어사전을 펼쳐보면 되겠는데…" "동물도감을 봐야겠는데…" "지도에서 유럽쪽을 보면 있을 거야" 등 방향성을 알려주셔야 합니다. 아이들은요, 그렇게 함께하면 그걸 논다고 생각합니다. 외우는 공부라고 생각하지 않아서 스트레스를 받지 않고요. 그리고 자연스럽게 기억하게 되죠. 개방된 거실을 활용한다는 것은 함께하기 위한 방법이라는 사실을 기억하셨으면 좋겠어요. 함께하는 시간이 없다면 굳이 거실에 그런 환경을 만들 필요가 없습니다. 자기 방에 혼자 있는 것과 똑같겠죠.

초등 자녀가 있는 가정의 '거실 환경'에 대해 마지막으로 정리를 해주세요.

2018 월드컵 축구 예선이 러시아 '소치'에서 열렸습니다. 당시 초등 자녀와 함께 러시아 '소치'가 어디에 있는지 세계지도로 찾아본 가정이 있으신지요? 제가 22명 우리 반 학생들에게 물어보았는데요. 거실에 붙여놓은 세계지도로 부모와 함께 찾아본 아이가 두 명 있더군요. 한 아이는 세계지도에 나오지 않아 사회과부도를 찾아보았다고 했습니다.

아직 우리 집이 그 두 명에 해당되지 않는다면, 오늘 바로 거실에 붙여 놓을 세계지도 한 장 주문하시기 바랍니다. 수학 학습지 풀라고 으름장 놓는 것보다 훨씬 더 중요합니다.

일본의 자녀교육 베스트셀러 《거실공부의 마법》의 저자 오가와 다이스케는 이렇게 말했습니다. "아이에게 지적 환경을 조성해주고 싶다면 무조건 거실에서 시작해야 합니다. 거실에 지적인 아이템을 집결시키세요!"

우리 집 거실에 놓인 지적 아이템이 몇 개나 되는지 지금 확인해보시기 바랍니다. 거실의 환경이 자녀의 독서력 및 공부력을 결정합니다.

아이들은 왜
독서와 공부를
싫어하나요?

오늘 인터뷰… 학부모님 관심이 많을 것 같습니다. 초등학생 중에 '책 읽기 싫어하고 공부하기 싫어하는 아이들'에 관한 얘기입니다. 뻔한 질문인 것 같은데요. 초등학생들은 독서와 공부보단 노는 걸 훨씬 좋아하겠죠?

　가끔 이런 생각을 합니다. 아이들은 학교에 공부하러 오는 게 아니라, 쉬는 시간, 점심시간에 놀기 위해 오는 것은 아닐까? 미세먼지가 심한 날이면 아이들이 중간 놀이 시간, 점심시간 운동장에 나가 놀지 못합니다. 모두 교실에서 노는데요. 하루는 점심시간, 운동장에 나가 놀 수 없었던 날 소음측정기로 교실을 측정해보았는데 약 100데시벨이 넘는 소음을 내며 정신없이 놀았습니다. 바로 옆에서 지하철이 지나가는 정도의 소리죠. 그런 굉음을 내며 노는 아이들을 보면 이런 생각이 듭니다. '책을 읽고 공부하기 좋아하는 아이가 대한민국에 몇 퍼센트나 될까' 하고요.

그래도 반에서 최소 2~3명씩은 공부도 잘하고 책도 열심히 읽으니까 적어도 5퍼센트 이상은 되지 않을까요?

서울아동청소년상담센터 이영민 소장은 자신의 책에서 이렇게 말했습니다. '공부를 좋아하는 아이는 극히 드물다.' 그 극히 드문 아이를 저는 지난 10여 년 동안 가르치면서 딱 한 명 보았습니다. 굳이 퍼센트로 환산하면 0.3퍼센트 정도입니다. 그것도 그 아이는 초등 10개 교과 중 수학만 좋아했고 나머지는 싫어했기 때문에… 이를 10으로 나누면… 0.03 정도 됩니다.

그럼, 독서나 공부를 좋아하는 아이는 거의 없다는 얘기잖아요.

네, 제가 하고픈 말이 바로 그겁니다. 그냥 쉽게 말해서 "책 읽기나 공부를 좋아하는 아이는 거의 없다. 좋아하지 않지만 그래도 독서나 학습을 열심히 하는 아이는 있다"입니다.

결국 싫지만 열심히 하는 수밖에 없다는 거네요. 왜 그렇게 아이들이 대부분 독서와 공부를 싫어할까요?

교육자로서 이렇게 말하는 것이 쉽지 않습니다만, 이런 겁니다. 학교 교육 과정 자체가 아이들을 학교에서 책을 읽거나 공부하기 싫게 만듭니다. 지금의 교과 체제의 교육 과정은 그 기원을 올라가 보면 서양철학에서 중세의 대학까지 올라갑니다. 논리학, 수사학 등 교과를 나누었죠. 당시는 정보의 습득이 곧 힘이었고, 교과를 세분화함으로써 그 목적을 효율적으로 달성할 수 있었죠. 하지만 지금은 그런 시대가 아니죠. 아마도 교과목이라는, 그리고 교과서라는 체계가 유지되는 한 아이들은 계속 책 읽기와 공부를 싫어하게 될 겁니다. 아이들이 쉬는 시간 끝날 즈음 친구들에게 물어봅니다.

"야, 다음 시간 뭐냐?"
"수학이야."
"아휴… 수학이구나. 재미없는."

체육 시간 빼고는 대부분 같은 대답을 하죠.

인도의 교육학자 수가타 미트라는 인도의 한 빈민가에 컴퓨터를 한 대 설치했습니다. 그곳의 아이들은 제대로 된 정규교육을 받지 못하는 아이들이었고, 컴퓨터를 처음 본 아이들이었습니다. 그리고 컴퓨터 운영체제도 아이들에게 익숙하지 않은 언어였습니다. 그는 생각했습니다. '호기심을 갖고 놀지만 사용방법을 모르니 곧 싫증 내고 아이들 관심이 멀어질 것이다'라고요. 하지만 며칠 뒤 가보니 아이들은 아무도 가르쳐주지 않았는데 컴퓨터를 사용해 다양한 활동을 하고 있었습니다. 동양식으로 해석하면, 교과서 없이 컴퓨터를 스스로 깨우친 거죠.

'학습 관련 독서력'이 좋은 아이들인데요. 보통 지식을 배우고 익히는 능력을 학습력이라고 합니다. 하지만 저는 한국에서 공부 잘하는 아이들의 '학습력'을 이렇게 해석합니다. '하기 싫은 공부를 오랫동안 할 수 있는 능력'이라고 말이죠. 그들은 읽기 싫은 문제집이나 교과서를 꾸준히 반복해서 읽지요. 그리고 이러한 학습 관련 독서력을 갖추기 위해 필요한 두 가지 원천적인 요소들이 있는데요. 하나씩 말씀드리겠습니다.

'하기 싫은 공부를 오랫동안 할 수 있는 능력'을 위한 원천적인 요소, 첫 번째는 뭔가요?

근면성입니다. 오랫동안 정해진 시간에 무언가를 꾸준히 하면 그 사람을 보고 성실하다고 표현하죠. 이런 능력은 에릭슨의 사회성 발달 단계에 따르면 초등 입학하는 나이 즈음에 형성됩니다. 학습에 대한 근면성을 키워주려면 적당량의 과제를 꾸준히 제시해주는 것이 필요합니다. 가장 많이 사용하는 방법이 학습지를 일정량 꾸준히 읽고 풀게 하는 겁니다.

학습지, 문제집을 읽고 푸는 것은 초등학생이 무척 지겨워할 것 같은데요.

아이들은 학습지를 푸는 것을 정말 지겨워합니다. 그런데 어떤 아이는 지겨워하면서도 매일 일정량을 읽고 풉니다. 어떤 아이는 읽지도 않고 버리거나 버팁니다. 그 차이는 처음 60일 이상의 지속성 여부에 달려 있습니다.

60일 이상을 꾸준히 시켜야 한다는 말씀인가요?

맞습니다. 학부모님들이 착각하시는 것이 있습니다. 자꾸 학습 관련 독서 및 공부를 재미있게 해주려고 애쓰시는 겁니다. 현재 시스템에서 공부를 따라가려면 재미있을 수가 없습니다. 이렇게 생각을 바꾸시면 됩니다. '공부는 습관이다'라고 말이죠. 일정한 분량을 매일 반복해서 할 수 있는 근면성을 길러주어야 하고요, 그 근면성은 습관으로 유지됩니다. 학교 다녀오면, 가방 내려놓고, 방에 앉아서, 정해진 분량의 책을 읽고, 관련 문제를 푸는 습관이죠. 이 습관이 자리하려면 최소 60일은 지속해주어야 합니다. 그런데 많은 부모들이 이렇게 이야기합니다.

"우리 아이는요, 원래 성격이 창의적이라 그렇게 가만히 앉아만 있는 건 어려워요."

창의적이라 그런 게 아닙니다. 습관이 안 된 겁니다.

정해진 시간과 장소를 확보해야 합니다. 그리고 한 학기가 지날 때마다 분량을 조금씩 늘려주면 됩니다. 그런데 안타깝게도 학부모님들이 조급한 마음에 분량을 단번에 늘립니다. 그리고 우후죽순으로 학원 숙제의 양이 늘어납니다.

습관이 잡히기도 전에 질려버립니다. 그리고 아이들은 어떻게 해서든 공부를 피하려는 마음을 만들죠. 학기 단위로 스스로 앉아서 정해진 분량을 꾸준히 학습 관련 독서를 해내는 근면성, 계획을 세워서 진행하셔야 합니다. 그러면 고학년이 되어도 안정적으로 자신의 맡은 분량을 읽고 풀어냅니다.

그러면 학습 관련 독서력에 필요한 원천적 요소! 두 번째는 뭔가요?

두 번째 요소는 '자기효능감'입니다.

자기효능감이면 자신이 쓸모 있다고 여기는 거잖아요?

맞습니다. 내가 참 쓸모 있고 유용한 사람이라는 생각을 '자기효능감'이라고 하는데요. 자기효능감이 학습 관련 독서력에 미치는 영향은 매우 큽니다. 자기효능감이 높은 아이들은 즐겁지 않은 학습 관련 독서를 기대감으로 바꿉니다. 자신이 지금 마주하고 있는 어려운 문제집을 읽고 풀 수 있을 거라는 희망을 갖게 해주죠.

그럼 그런 자기효능감은 어떻게 키워줄 수 있나요?

자기효능감이라는 개념은 심리학자 반두라가 제시한 것인데요. 그는 자기효능감이 생기려면 먼저 필요한 것이 바로 기대감이라고 했습니다. 누군가 기대 어린 시선, 표현을 해주는 것이지요. 교육학자들 사이에서도 의견이 분분하긴 합니다만, 일단 자기효능감이 자리하기 위해서는 자신의 능력보다 약간은 과장된 신념을 갖는 것이 도움이 된다고 말합니다.

그럼, 우리 아이에게 자기효능감이 있는지 없는지를 어떻게 알 수 있을까요?

어떤 문제를 틀렸을 때, 혹은 무언가를 시도했는데 실패했을 때 대답하는 모습을 보고 알 수 있습니다. 자기효능감이 높은 아이들은 그 원인을 자신의 노력에 둡니다. 내가 좀 더 책을 읽고 노력했으면 성공했을 거라고 말합니다. 하지만 자기효능감이 낮은 아이들은 어차피 뭘 했어도 안 됐을 거라고 말합니다. 이렇게 실패한 원인을 어디에 두느냐에 따라 그 아이의 자기효능감을 판단할 수 있습니다. 그래서 자녀가 어떤 실패를 맛보았을 때, 노력한 과정에 대한 구체적 피드백을 하는 것이 좋습니다. 어떤 부분에서 좀 더 학습 관련 책을 읽고, 노력하고 보완했다면 성공했을 거라는 설명을 해주는 거죠.

학습 관련 책을 읽고 풀기를 싫어하는 아이들을 공부하게 하려니, 부모하기 참 어렵겠다는 생각이 듭니다. 오늘 주제, 정리해주시죠.

　새로운 것에 대한 호기심이 높은 우리 아이들입니다. 하지만 학습이라는 테두리 안으로 들어오는 순간, 호기심보다는 학습 관련 독서의 근면성이 중요해집니다. 그리고 그렇게 꾸준히 노력하는 힘은 자신이 해낼 수 있다는 자기효능감에서 생깁니다.

　어른 입장에서 보았을 때, 학습서만 읽고 풀면 되는데 뭘 그리 어렵냐고 자녀에게 말할지도 모릅니다. 하지만 이것 하나만 알아주셨으면 좋겠습니다. 아이들은 가장 싫어하는 걸 하고 있습니다. 심지어 초등학생들은 학교, 방과후, 학원 시간까지 더하면 고등학생들보다 더 많은 시간 교실에 앉아 있는 것으로 집계가 됩니다. 정말 어려운 걸 해내고 있는 아이들에게 격려와 지지 잊지 않으셨으면 좋겠습니다.

아이의 잠재력을
어떻게 발견하나요?

우리 아이가 어떤 분야에 잠재력이 있다는 걸 어떻게 알 수 있나요?

우리 아이가 어떤 분야에 잠재력이 높은지 알아채려면 세 가지를 보면 됩니다. 첫 번째는 '얼마나 자주 반복하는가'이고요. 두 번째는 '반복하는 과정 중에 실패해도 또 하는가', 마지막 세 번째는 '결국 주어진 단계를 끝내는가'입니다. 어느 분야에 이 세 가지를 접목했을 때 모두 'YES'라는 대답이 나온다면 우리 아이가 그 분야의 잠재력이 높다고 보셔도 됩니다. 이와 더불어 관련 분야의 자료 읽기(도서, 사진, 영상 자료 등)를 꾸준히 하는가를 보면 알 수 있습니다.

그럼 말씀하신 세 가지를 모두 지닌 아이들은 어떤 영향으로 그런 모습을 보이는 건가요?

잠재력은 '하고 싶다'는 욕구가 얼마나 강한가에 영향을 받습니다. 결국 욕망이 강할수록 그걸 성취해낼 가능성이 높기 때문인데요. 아이들에게 강한 욕망을 일으키게 하는 방법은 멋진 장면 또는 재미있을 것 같은 것들을 보여주는 겁니다. 어릴수록 책 읽어주는 간접체험 과정에서 그런 기회를 만날 수 있죠. 그럴 때 보통 감탄사를 냅니다. 더불어 아이들에게 다양한 직접 체험을 많이 하게 할수록 우리 아이가 '멋지다'라는 것을 느낄 장면을 만날 확률이 높아집니다.

평소에는 책 읽어주기를 통해 간접체험을 지속하고 더불어 최소한 한 달에 한 번 정도는 아이를 데리고 밖으로 나가서 다른 종류의 체험을 해보는 것이 좋습니다. "우리는 자주 아이들을 데리고 밖으로 나가요"라고 말씀하셔도 실상을 가만히 보면 체험의 종류가 몇 년 동안 거의 같습니다. 캠핑이면 그냥 캠핑, 놀이동산이면 그냥 놀이동산, 근처 공원이면 계속 근처 공원…. 몇 가지 체험에 국한된 경우가 많습니다. 그건 다양한 체험이 아닙니다. 엄마 아빠가 잘 모르는 분야에 대해서도 체험을 할 수 있는 기회를 마련해주실 필요가 있습니다.

결국 아이의 잠재력 개발을 위해 독서를 통한 간접체험뿐 아니라 다양한 직접체험이 필요하다는 건데… 외부로 나가는 거 말고, 일상에서 아이의 욕구를 자극하는 방법은 없을까요?

적절한 결핍의 순간이 욕구, 욕망을 더욱 단단하게 만들어줍니다. 우리 아이가 무언가 조립하고 만드는 걸 무척 좋아해요. 그러면 보통 레고나 또는 과학조립상자 같은 것들을 사주시죠. 그런 것들은 각 단계가 있어요. 어느 레벨을 만들고 나면 더 많은 부속품이 들어 있는 상위 단계가 있어요. 그 과정이 아이들의 욕망을 자극하지요. 아이들은 다음 단계를 더 해보고 싶고 만들고 싶어 합니다. 이때 그걸 바로바로 사주시기보다 약간의 지연 시간을 주시는 것이 좋습니다. 안 된다거나 못 사준다는 것이 아니고요. 아이가 바로 원하는 시간보다 약간 늦추는 거죠. 기다림의 시간 동안 아이의 무의식적 욕망이 강화되고 기대감이 배가 됩니다. 이렇게 지연을 통한 욕구를 끌어올리면서 더불어 자신의 위치를 확인하게 해주시면 좋습니다.

자신의 위치를 확인하게 해주는 건…. 뭘 어떻게 하나요?

메타인지를 활용합니다. 현재 나의 위치가 어디에 있는지 스스로 바라보는 인식인데요. 아이들에게 이런 사고를 가능하게 하려면 앞으로 남은 시간을 물어봐주시는 것이 좋습니다. "그래 이걸 완성하려면 얼마나 시간이 더 필요하겠니?" 그런데 보통 반대로 물어보시죠. "왜 아직 이것밖에 못 했어." 사실 두 질문은 똑같이 현재 위치에 대한 질문입니다. 그런데 아이는 다르게 느끼죠. 완성하려면 얼마만큼의 시간이 필요한지에 대한 물음이 주어지면 시선이 현재 위치에서 완성까지를 떠올립니다. 이 순간이 메타인지를 통해 잠재력을 끌어올리는 위치가 되죠. 반면 왜 아직 이것밖에 못 했냐는 질문은 현재에서 과거를 계산하게 합니다. 완성까지는 훨씬 더 거리감을 느끼기 때문에 성공에 대한 잠재력을 낮추게 됩니다. 또 많은 경우 잠재력을 재능과 연결 짓는 경우가 있는데 그보다는 심리적 안정감이 잠재력에 도움이 됩니다.

심리적 안정감이 잠재력에 어떻게 도움이 되나요?

잠재력은 잘 보이지 않아요. 그래서 아이가 잠재력을 자주 드러낼수록 발견되기 쉽고, 그와 관련된 도움을 받을 확률도 높아지죠. 유독 그런 잠재력을 잘 드러내는 아이들이 있습니다. 바로 심리적 상처가 적은 아이들인데요. 그들은 평소 안전감이 높아서 자신이 지닌 욕구를 표현하는데 자유로운 편입니다. 그러나 안타깝지만 초등 저학년이나 유치원기 아이 중에 남자아이들이 여자아이에 비해 본의 아니게 좌절감을 맛보는 경우가 많습니다. 그럴 경우 자신의 잠재력을 지나치게 낮게 평가하기도 합니다.

남자아이가 여자아이에 비해 본의 아니게 좌절감을 맛보는 경우가 많다니…
그게 어떤 의미인가요?

유치원에 다니는 시기의 남자아이는 장점이 참 많습니다. 일단 공간 지각력이 여자아이들에 비해 높습니다. 방향감각이 좋고 입체적으로 생각할 수 있죠. 또 집중력도 더 높은 편입니다. 상황을 꿰뚫어 보는 직관력도 높은 편이고요, 특히 여자아이에 비해 감정적인 문제에서도 자유롭습니다. 감성과 이성을 분리할 수 있습니다.

이런 장점을 지니고 있음에도 불구하고 좌절감을 맛보는 이유는 교육 환경이 읽기, 쓰기, 듣기에 맞춰 있기 때문인데요. 특히 듣는 수업 과정이 많아서 그렇습니다. 남자아이들이 몰입력이 좋다는 것은 반대로 주변 소리에 반응이 늦다는 겁니다. 그래서 불러도 잘 못 듣고, 어른이 말을 해주었지만 남자아이들은 전혀 기억을 못하기도 합니다. 유치원이나 가정에서 8세 미만 남자아이들이 여자아이들과 자연스럽게 비교되는 상황에 놓이면 자신의 잠재력에 대해 평가절하하게 됩니다.

남자아이와 여자아이의 발달 과정이 다르다는 걸 인지해야겠네요. 남자아이 여자아이 모두에게 좋은 영향력을 주는 건 뭐가 있을까요?

《부모라면 유대인처럼》이라는 책이 있습니다. 유대인 교육심리학자 벤자민 블룸의 연구 결과를 인용하는데요. 그는 세계적인 수준의 피아니스트와 수영선수, 테니스 챔피언, 수학자, 신경과학자, 조각가 등 120명을 대상으로 '천재들이 어떤 교사에게서 배웠는지'를 연구했습니다. 그런데 의외로 이들을 맨 처음 가르친 교사들은 전문성이나 경력면에서 특별히 내세울 만한 점이 없는 평범한 사람들이었다고 합니다. 다만 공통적으로 격려와 칭찬으로 학생들의 잠재력에 불을 지르고 그 불꽃이 계속 타오르도록 했다고 합니다. 아이들의 잠재력에 도움이 되는 건 그 분야에 뛰어난 능력자가 아니라, 그 아이에게 관심이 많은 사람이라는 겁니다. 잠재력을 지속적으로 유지하고 좀 더 구체적인 욕망으로 불을 붙이는 데는 남자아이 여자아이 상관없이 관심, 지지, 격려가 필요합니다.

잠재력을 높이는 지지와 격려의 말, 구체적으로 어떤 게 있을까요?

대표적인 말은 감탄사입니다. '오~', '와~' 이런 거죠. 물론 그 감탄사가 진심에서 우러나와야 합니다. 진심에서 우러나오려면 평소 아이를 잘 관찰해야 합니다. 아이에게 관심을 가지고 관찰하면, 그 아이에 대해 저절로 감탄사가 나오는 경우가 생깁니다. 관찰하지 않고 잘 모르는 상태에서는 아이가 만들어놓은 결과물로만 판단하기 때문에 객관적으로 잘 만들었을 때만, 감탄사가 나옵니다. 하지만 아이에게 관심을 가지고 있으면 그 아이가 만들어놓은 결과물이 그 아이 입장에서는 얼마나 대단한 노력과 인내를 거쳐서 만들었는지를 알게 됩니다. 그럼 저절로 마음에서 우러난 감탄사가 나오죠. 그 감탄사는 아이에게 자신의 잠재력을 끌어올리는 데 큰 동기가 됩니다.

아이들의 잠재력에 방해가 되는 요소는 없나요?

잠재력에 있어 위험한 건 아이들이 좋아하는 것들을 잠재력이 있는 거라고 착각하는 경우입니다. 우리 아이는 뛰기를 좋아하고 축구를 좋아한다고 운동 쪽으로 잠재력이 있다고 생각하신다면 잘못 판단했을 가능성이 높습니다. 축구를 책 읽기보다 더 좋아하는 것뿐일 수도 있죠. 정말 잠재력이 있다면 어떤 분야든 컨트롤하는 능력을 봐야 합니다. 쉽게 표현하면, 필요한 만큼의 힘 조절을 잘하는 아이들이죠. 내가 던진 공이 5미터 앞의 표적을 맞추기 위해 필요한 힘 조절, 10미터 앞의 목표물을 쓰러뜨리기 위한 힘 조절을 몇 번만 해보고서 거의 감각적으로 잘하는 아이들이 있습니다. 그런 아이들이 운동에 잠재력이 있죠. 그런데 조절력을 보지 않고 그냥 좋아한다는 이유로 잠재력이 있다고 생각하면 음악이든, 미술이든, 어떤 분야든 잘못된 진로로 방향을 잡을 수도 있습니다.

아이들의 잠재력에 대해 정리해주시죠.

독서를 통한 간접체험과 다양한 직접체험의 기회가 아이들의 잠재력에 도움이 된다는 사실 기억하시고요. 가끔 사소한 능력 하나를 잠재력이나 재능으로 오판해서 아이의 진로를 그르치게 만드는 경우가 있는데요. 부모의 욕구나 욕망이 아이의 욕구보다 앞선 경우에 그런 잘못을 저지릅니다. 그럴 때 아이는 불안감이 높아집니다. 왜냐하면 시간이 갈수록 알게 되기 때문인데요. 실제로 자신은 그 분야에 잠재력도 없고, 재능도 없고, 흥미도 없다는 사실을 점점 더 확실히 알게 되거든요.

잠재력은 아이가 스스로 느끼도록 하는 게 중요합니다. 그리고 잠재력이 진짜 자기 내면에서 나오는 것일 때 추진력을 얻습니다. 아이가 스스로 느끼도록 하는 좋은 방법, 아이에 대한 존중감입니다. 아이가 스스로 찾을 수 있다는 존중감과 더불어 부모는 그 보조 역할을 해준다는 것, 잊지 않으셨으면 좋겠습니다.

아이들이 학습 소외감을 느끼는 이유

오늘은 초등학생의 '학습 소외감'에 대한 이야기인데요, 학습 소외감이… 무슨 뜻이죠?

일단 소외된다는 건 배제된다는 의미가 있지요. 학교에서 소외라고 하면 왕따 문제 같은 것을 떠올리기 쉬운데요. 그런데 왕따 이외에도 학습과 관련해서 아이들이 소외감을 느끼는 경우가 늘어나고 있습니다. 학습 소외감이란 아이들이 학습의 기회에서 느끼는 박탈감을 말합니다. 환경적으로 또는 자발적으로 학습에서 배제됨으로 인해 발생하는 감정이지요. 그런데 이런 감정들을 아이들이 잘 표현하지 않습니다. 지레 포기해버리죠. 학습 소외감은 결국 학습 차이를 가져오고요. 결국에는 아이들이 평소 자신감을 잃어버리거나 무기력한 증상을 보이기도 합니다.

아이들이 환경적으로 학습 소외감을 느낀다…. 혹시 가정의 경제적 상황과 맞물리는 얘긴가요?

예, 맞습니다. 환경적 요인의 대표적으로 학생의 사회·경제적 배경이 있습니다. 쉽게 예를 들면 A 학생은 유명한 학원에서 제공한 스프링 노트를 들고 다니며 공부합니다. 그런데 B 학생은 시중에 흔한 문제집 한 권 사는 것도 부담입니다. A 학생은 방학이면 부모님과 전국 방방곡곡의 문화 유적지, 박물관 등을 방문하면서 직접 역사를 보고 익힙니다. 가끔 외국 유적지, 박물관도 다녀오고요. 그런데 B 학생은 박물관 나들이 한번 가기도 어려운 상황입니다. 이러한 환경적 차이에서 아이들이 학습 소외감을 느끼는 거죠.

학습 소외감에서, 환경적 요인 말고 자발적으로 학습에서 배제되는 경우도 있다고 하셨는데… 그건 어떤 상황인가요?

자발적 소외는 두 가지 경우로 나뉘는데요. 우선 본인이 하고 싶은 것이 명확하기 때문에 제도적으로 주어지는 교육을 거부하고 자퇴를 한다거나 하는 것이 있습니다. 그런 경우는 드물고 심리적으로 문제가 없습니다. 주체적 선택이 명확하니까요. 그런데 환경적 상황을 미리 예측하고 스스로 배제하는 경우가 있습니다. 한 아이가 판사가 되고 싶어요. 그래서 인터넷으로 검색해봤더니 로스쿨에 가야 하고 학비가 엄청나요. 어떤 아이는 바이올린을 배우고 싶어요. 인터넷으로 검색해보니 악기며, 레슨비가 아이가 느끼기에 어마어마해요. 우리 집 형편상 어려울 것 같아요. 스스로 그 분야에 대해 자발적으로 배제해버리는 거죠. '어차피 난 안 될거야' 하면서요. 이때의 자발적 소외감은 심리적으로 위축감을 줍니다.

결국 학습 소외감이라는 게… 경제·문화적 상황에서 오는 격차를 아이들이 몸소 느낀다는 거네요.

예, 교사로서 걱정되는 건… 일상에서 제일 크게 느끼는 부분은 어휘에서 오는 학습 소외감입니다. 같은 교실에서 놀고 공부하는 것 같아도 고학년이 되면 무리를 짓게 되는데, 무리 짓기의 주요 요인 중 하나가 평소 사용하는 '어휘'와도 관련이 많습니다. 아이들 그룹마다 사용하는 어휘가 다릅니다. 인터넷 게임을 좋아하는 아이들 그룹, 독서와 학원 학습 시간이 많은 아이들, 문화 및 여가 활동을 많이 하는 아이들, 이 아이들이 사용하는 어휘 범위와 개수에서 차이가 나죠. 같은 한국말을 해도 사용하는 어휘가 다르면 서로 차이를 느끼게 됩니다. 그러한 차이에서 본인도 모르게 소외감을 느끼고 뭔가 나는 배우지 못하고 있음을 무의식적으로 감지하게 되죠.

어휘력에서 오는 학습 소외감이 크다고 하셨는데… 구체적으로 어느 정도나 어휘력에 차이가 있나요?

어휘력의 차이는 이미 영유아에서부터 시작되는데요. 2020년, 〈서울교육〉 기고문에 인용된 '교육을 바꾸는 사람들(이찬승 대표)'의 연구 내용을 보면, 만 3세 부유층 아동의 어휘 수는 1,116단어인데 저소득층 아동의 어휘 수는 525단어라고 합니다. 만 3세에 이미 두 배 가까운 차이를 보이는 거죠. 그렇게 10여 년이 지나 초등 5~6학년이 되면 똑같은 나이의 아이라고 해도 이미 어휘력에서는 엄청난 차이가 되죠.

일단 어휘력의 차이를 줄이면 학습 소외감이 많이 줄어들까요?

학습 소외감은 종합적인 교육 환경의 차이에서 오는 겁니다. 어휘의 사전적 의미를 알고 있는 것만으로는 소외감이 줄어들진 않습니다. 그러한 어휘를 실질적으로 사용하는 빈도가 높아져야 그러한 배제감이 줄어드는 겁니다.

실질적으로 사용하는 빈도가 높아야 한다. 결국 아이가 문화자본이 어느 정도 높은 환경에 있어야 한다는 거네요.

맞습니다. 물론 각 가정의 사회 및 문화자본이 경제력과 많은 관련이 있긴 한데, 그렇다고 경제력이 높다고 꼭 사회·문화적 소양이 높은 건 아닙니다. 학습 소외감이 결정적인 역할을 할 때는 언제냐면 '기대감이 상실될 때'입니다. 하고 싶은 걸 할 수 있다는 기대감이 없어질 때 소외감이 배가되는 겁니다. 그런 기대감은 꼭 경제력의 차이 때문에 생기는 것이 아닙니다.

아이의 기대감을 꺾지 않으려면… 가정에서 어떻게 하면 되죠?

아이가 뭔가 되고 싶다는 말을 했을 때, 관련해서 배울 수 있는 기회를 최대한 마련해주는 것이 좋습니다. 지원이가 축구 선수가 되고 싶다고 말합니다. 그럼 보통 이렇게 말씀하시지요. "축구는 그냥 취미로 하고 공부해." 그런데 아이가 축구 선수가 되고 싶다는 건 반드시 축구 선수가 되겠다는 게 아닙니다. 그냥 축구를 배워보고 싶다고 말한 것과 같습니다. 배움에 대한 동기가 생긴 거지요. 그럴 때, 그 동기를 충족시켜줄 작은 배움의 기회를 열어주는 것이 학습 소외감을 막을 수 있습니다. 일단 학교 방과후 축구 교실에 넣어주시면 됩니다. 그렇게 시작된 배움이 성취감을 주고, 그 성취감은 또 다른 꿈을 만들어냅니다. 아이들에게 무언가 배우고 싶다는 동기가 생긴 건 큰 기회입니다. 그러한 동기는 교육에 있어 엄청난 학습 성취도를 달성할 수 있습니다. 이는 학습 소외감을 예방할 수 있는 좋은 기회가 되고요.

아이들이 뭔가 되고 싶다고 할 때… 부모가 방향을 정하려 하지 말고 일단 관련 교육을 접할 수 있도록 해줘야겠네요. 또 아이가 학습 소외감을 느끼지 않게 하려면 어떻게 해야 하나요?

가정에서 학습 소외감 격차를 줄일 수 있는 효율적이고 대표적인 것이 바로 독서입니다. 독서를 통해 간접지식을 얻을 수 있다고 알고 있지요. 하지만 독서 관련 연구를 보면 영유아 및 초등 시기 독서는 아이들에게 직접경험에 맞먹는 영향력을 발휘한다고 보고 있습니다. 왜냐하면 독서를 통해 아이들의 인지적 지식뿐 아니라 감성 및 인성까지 총체적으로 직접적인 영향을 주고 있기 때문인데요. 그런데 최근 10여 년 동안 학생들의 독서 시간이 현저하게 줄어들고 있습니다. 이는 스마트폰의 등장과 맞물립니다. 스마트폰 사용 시간이 늘어나면서 아이들의 독서가 줄어들고 어휘력 차이가 벌어지고 결국 인문학적 학습 소외감이 커지고 있습니다. 특히 어린 시절부터 스마트폰을 멀리하고 책을 가까이 할 수 있도록 부모님이 신경을 써주셔야 합니다.

가정에서뿐 아니라 학교에서도 '학습 소외감'이 느껴지지 않도록 특별히 신경을 써야 할 것 같은 데요. 학교에서는 어떤 노력이 있어야 할까요?

학습 소외감을 줄이기 위해 학교에서는 다양한 교육방안들을 실질적으로 구현해나가야 합니다. 특히 학교 현장 체험을 더욱 확대해야 합니다. 그간 각종 사고 및 코로나로 현재 학교 현장 체험이 전무한 상황입니다. 상황이 호전되는 대로 지역 역사 체험, 문화 체험, 메이커 체험 등, 각 가정에서 미처 신경 쓰지 못한 체험을 통한 교육을 많은 아이들이 누릴 수 있도록 기획하고 실현해야 합니다. 맞벌이 부모나 주말에도 일을 하는 부모 입장에서는 집 근처 도서관을 데려가기도 어려울 겁니다. 그러한 가정의 아이들이 기댈 수 있는 곳이 공공교육기관이어야 합니다. 다양한 체험학습 및 학교 방과후 교육의 다양화와 질적 제고를 통해서 아이들이 학교 교육에서 충분한 교육을 받을 수 있어야 합니다.

왕따 같은 친구 관계뿐 아니라, 학습에서도 소외감을 느끼는 아이들이 있다는 거⋯ 오늘 새롭게 알았는데요, 이야기 마무리해주시죠.

아이들이 입고 다니는 옷이 다를 수 있습니다. 신발이 다를 수도 있고요. 그런데 배움의 기회에 있어서는 차이가 없었으면 좋겠습니다. 아이마다 능력의 차이와 각자 노력의 차이는 존재할 수밖에 없습니다. 그래도 배울 수 있는 기회의 차이는 정말 최소였으면 좋겠습니다. 각 가정에서 많이 바쁘고 힘드시겠지만, 오늘 우리 아이랑 같이 책 한 권 골라서 읽어보시는 것부터 시작하셨으면 좋겠습니다. 그리고 우리 선생님들, 우리가 아니면 배울 기회를 놓치는 아이들이 학급마다 있다는 사실, 잊지 않으셨으면 좋겠습니다. 그 아이들을 잊지 마시고 아이들에게 무엇을 어떻게 읽히고 가르칠지를 진지하게 고민하고 연구하시길 당부드립니다.

아이의 학습 계획은 어떻게 세워야 하나요?

'가정 교육 계획'이 뭔가요?

학교마다 1~2월에 다음 1년의 교육 계획을 세웁니다. 보통 200~300 쪽 되는 두꺼운 책으로 나오는데요. 이걸 '학교 교육 과정'이라고 합니다. 교육 과정 계획이 세밀하고 촘촘할수록 1년의 학교 교육 운영이 안정적으로 움직입니다. 가정에서도 우리 아이의 1년 단위 '가정 교육 계획'을 세우시기를 권장합니다.

가정에서 자녀교육에 대한 1년 계획을 구체적으로 세우는 게 어느 정도 도움이 될지… 꼭 필요한 과정인가요? 보통은 그때그때 혹은 방학 직전에 세우지 않나요?

아이들은 1년에 190일 정도 학교에서 교육을 받습니다. 365일에서 190일을 빼면 175일이 남는데요. 아이들이 보통 1년에 175일 정도를 학교에 가지 않습니다. 거의 1년에 절반을 가지 않는 겁니다. 이 175일 간 가정에서의 교육 계획이 없으면 많은 시간이 낭비가 됩니다. 아이들의 독서력, 학력 격차, 대인관계력, 예체능 활동력 등의 차이가 이 175일 동안 벌어집니다. 더구나 지금은 코로나 때문에 아이들의 가정생활이 더 늘었고요. 앞으로는 코로나가 종식되어도 온라인 원격 교육과 등교 교육이 병행될 가능성이 높습니다. 이럴 때일수록 가정에서의 교육 계획을 잘 세워야 아이들의 발달 과정이 지체되지 않을 수 있습니다.

1년… 가정 교육 계획이라… 부모 입장에서는 무엇부터, 어떻게 계획을 세워야 할지 막막할 것 같아요. 어디에 중점을 두고 계획해야 할까요?

큰 줄기를 학습력, 인성력, 예체능 활동력 이렇게 크게 세 가지로 나누시고요. 학년군별로 이 세 가지에서 중점을 두실 부분들이 좀 다른데요. 우선 1~2학년 아이들은 학습력에서는 '독서'에 중점을 두어서 계획을 짜는 것이 좋습니다. 1~2학년 학부모님들께 우리 아이가 1년에 몇 권 정도 책을 읽으면 많이 읽었다고 생각하느냐고 물어보면 대부분 적게는 100권에서 많게는 200권 정도를 말씀하시는데요. 1~2학년은 1

년에 500~600권 정도는 읽어야 합니다. 최소 하루 2~3권인데요. 저학년 아이들이 읽는 책은 넉넉 잡아 10분이면 한 권 읽습니다. 하루 2~3권을 잡아도 30분 정도입니다. 실제로 학교 도서관에서 책을 많이 읽는 1학년 아이들이 1년 동안 대출해간 책은 대략 600권 정도 됩니다. 1, 2학년 때 아무리 엄마가 옆에서 국어, 수학 문제집 풀기를 시켜도 1년에 600권 정도 읽은 아이들의 문해력을 따라가기 어렵습니다.

그럼 3~6학년 아이들의 독서 계획은 어느 정도로 잡아야 하나요?

중요한 건 시간입니다. 전 학년 최소 하루 40분 독서를 권합니다. 그럴 경우라면 1학년은 600권, 2학년은 500권, 3학년은 400권 이렇게 학년별로 100권 정도씩 낮아집니다. 6학년은 100권 정도 1년에 읽을 수 있습니다. 이 정도를 읽으면 해당 학년 교과서를 스스로 이해하는 데 충분합니다. 학교 교과서를 스스로 이해할 수 있으면 그때부터 자기주도적인 공부가 가능해지죠.

학습력을 계획하는 데 있어… 독서 말고 다른 것도 더 신경 써야 할 게 있지 않나요?

예, 있습니다. 기본적인 학습력을 보통 읽기, 쓰기, 셈하기로 표현하는데요. 이 중에 독서는 읽기에 해당되겠죠. 읽기에는 문해력이 포함되고요. 가급적 1~2학년 때는 독서 계획에 50퍼센트 이상의 비중을 두시고 쓰기와 셈하기를 25퍼센트 정도씩 배분하시길 권하고요. 3~4학년 때는 셈하기에 50퍼센트 이상의 비중을 두시고 나머지를 배분하시는 것이 좋습니다. 5~6학년은 쓰기에 50퍼센트 이상 비중을 두고 나머지를 배분하시면 좋습니다.

요약하자면 1~2학년은 읽기에 중점을 두고, 3~4학년은 셈하기, 5~6학년은 쓰기에 중점을 두고 계획하라고 하신 건데 이유가 있나요?

이유는 아이의 뇌 인지발달 상황과 연관이 있고요. 또 학교 교육 과정과도 연관이 있습니다. 초등 저학년 아이들은 글자를 인식하는 기능의 뇌가 최적화되는 시기입니다. 보통 5세 이상을 말하는데요. 그 시기에 글자를 읽어나가는 데 조금씩 속도감이 붙습니다. 그때 최적화된 독서 계획은 아이들의 학습력을 높이는 데 도움이 됩니다. 3~4학년에 셈하기에 중점을 두라는 건 결국 수학 교육을 말하는데요. 3~4학년부터 수학 범위가 늘어납니다. 분수, 원, 들이 및 무게, 표 및 그림 그래프, 여기에 4학년이면 소수, 꺾은선 그래프, 다각형 등이 추가되죠. 많은 아이들이 3~4학년부터 수학을 싫어하거나 포기하는 조짐을 보이는데요. 이 시기 수학 교육에 대한 계획을 잘 세우셔야 수학 수업을 따라가는 데 어려움이 없습니다. 5~6학년이 쓰기에 집중해야 하는 이유는 대부분의 수행평가가 서술형으로 진행되기 때문이고요. 아이들의 뇌 발달 상황과 문해력이 글쓰기에 적합한 수준에 도달했다고 가정하고 이때부터 논리적인 자기 글쓰기를 익히는 것이지요.

지금까진 학습력에 관련된 계획에 대해 이야기를 나눴고요, 그럼 인성도 학년별로 다르게 중점을 둬서 계획하나요?

예, 맞습니다. 인성이라는 것이 눈에 보이지 않아서 뭘 어떻게 계획해야 할지 어려움이 있으신데요. 일단 큰 틀로 말씀드리면 1~2학년에는 자존감에 집중하시고요. 3~4학년에는 대인관계력, 5~6학년에는 스트레스 저항력에 신경을 써주시면 됩니다.

계획을 짠다는 건 뭔가 구체적인 실행방안 같은 게 들어가잖아요. 근데 자존감, 대인관계력, 스트레스 저항력 같은 것들은 어떻게 실행방안을 구체적으로 계획하나요?

예를 들어, 이런 겁니다. 자존감은 '엄마 아빠가 하루에, 언제, 몇 번 이상 꼭 아이의 눈을 마주하고 이름을 불러준다' 이런 걸 다짐하고 계획하시는 거죠. 또 '우리 아이에게 일주일에 한 번 정도는 도전할 거리를 주고 실패를 경험했을 때도 지지와 격려를 아끼지 않는다' 이런 걸 계획하시는 겁니다. 대인관계력은 대인관계력에 관련된 책을 추천해서 읽게 하고 학기 중에 매주 1회 정도 상담소를 방문해서 친구 관계에 대한 이야기를 상담 선생님과 나누거나 하루 15분 온 가족이 모여서 대화 시간을 갖는 등의 계획을 세우는 겁니다. 5~6학년 스트레스 저항력은 좋지 않은 습관을 변화시킴으로써 높일 수 있는데요. 자녀의 좋지 않은 생활 습관 중 몇 가지를 골라서 관리 계획을 세우시는 겁니다. 아이들의 스마트폰 게임, 좋지 않은 식습관 등의 개선을 위한 방안을 짜보시는 게 도움이 됩니다.

끝으로 예체능 활동력은 학년별로 어떻게 계획하는 게 좋을까요?

1~2학년은 손가락에 집중하시는 것이 좋습니다. 손 근육 활용에 집중해서 계획을 세우시면 됩니다. 연필로 선 긋기, 가위질하기, 종이접기, 멜로디언 연주, 리코더 운지법, 젓가락으로 콩알 옮기기 등의 구체적 활동들을 계획에 넣으시고요. 3~4학년은 팔다리 근육에 집중합니

다. 신체 변화 및 성장이 어린이에서 청소년으로 넘어가는 과도기 시기입니다. 성장과 발달에 균형이 잡히는 것이 좋고요. 축구, 농구, 배드민턴, 줄넘기 혹은 바이올린이나 첼로, 피아노, 해금이나 거문고도 좋습니다. 이때쯤 관련 악기를 잡는 바른 자세만으로도 아이들의 예체능 활동력에 큰 도움이 됩니다. 5~6학년은 예체능 활동을 습관으로 정착시키는 데 중점을 둡니다. 1~4학년의 경험을 바탕으로 개인 선호도, 신체 발달 상황 등을 고려해서 한 가지 운동 및 악기를 일정한 간격을 두고 꾸준히 습관이 되도록 정착하는 데 계획을 짜보시는 것이 좋습니다. 이때 습관이 된 예체능 활동력이 청소년 및 성인이 되어서도 계속 유지됩니다.

아이를 잘 교육한다는 게… 참 어려운 것 같아요. 신경 쓸 것도 많고요. 자녀교육 계획을 짤 때… 유의할 사항은 없을까요?

갈수록 가정에서의 자녀교육 방법이 양극화되고 있습니다. 아이에게 지나친 스트레스를 주면서 발달을 앞서가려는 모습과 아이에게 스트레스를 조금도 주지 않으려고 애쓰면서 마음껏 놀다가 스스로 알아서 할 때까지 기다려준다는 방식인데요. 둘 다 좋지 않습니다. 아이들의 발달을 최적화하는 교육방식은 지금 아이의 발달 상태보다 약간 높은 것들을 지속적으로 제공하는 겁니다. 약간의 스트레스와 긴장감을 유지한 채 무언가를 배워나가는 속도가 인지력, 정서력, 대인관계력 모두를 실질적으로 높여줍니다. 자녀교육 계획을 짜시면서 우리 아이가 받을 스트레스가 어느 정도일지를 예측해보시기 바랍니다. 현재 우리 아이의 발달 상황으로 봐서 그보다 약 20~30퍼센트의 스트레스 강도를 유지하는 계획을 짜는 것이 최적의 계획이 됩니다.

자녀를 위한 '가정 교육 계획' 정리해주신다면?

초등뿐 아니라 중등, 고등학생 자녀를 둔 학부모님들께도 마찬가지인데요. 자녀가 지금 몇 살인지 아시나요? 가끔 보면 학년으로 나이를 대신하는 경우가 있습니다. "이제 6학년이구나, 이제 중학교 3학년이구나, 이제 고3이구나." 그렇게 말씀하시지 말고요. 나이로 인사를 해주십시오. 이제 열세 살이구나. 이제 열여섯 살이구나. 이제 열여덟 살이구나. 아이들은 학년으로 말해줄 때보다 나이로 말해줄 때 심리적으로 그 나이답게 성장하려는 의지를 보입니다. 어떤 계획이든지 그 실행은 본인의 '의지'에 달렸지요. 오늘 자녀의 의지력을 자극하는 1년 가정 교육 계획을 세워보시기 바랍니다.

아이들에게 철학을 가르쳐야 하는 이유

초등학생들에게 철학교육이라… 뭘 어디부터 시작하고 무엇을 하면 철학을 가르칠 수 있는 건가요?

엄밀히 말하면 아이들은 이미 철학자입니다. 단지 어른들이 철학하는 아이들을 가만 놔주지 않을 뿐이죠. 아이들은 스스로 철학적인 질문을 자주합니다. 교육학자들이나 심리학자들은 말합니다. 초등 시기 훨씬 이전부터 아이들은 직관적으로 철학적인 질문을 던진다고요.

초등 이전에 이미 철학적인 질문을 한다고요? 어떤 철학적 질문을 하죠?

보통 네다섯 살 정도 되면 이런 질문을 합니다.

"엄마 죽는 게 뭐야? 죽으면 어떻게 되는 거야?"

이 질문에 명확히 대답해줄 수 있는 사람은 없습니다. 정신분석학적 측면에서 보면 이 질문은 '죽음'에 대해 묻는 게 아니라고 합니다. 죽음이 무엇이냐고 묻는다는 건 그 반대로 '사는 게 뭐냐'고 묻는 것과 같습니다. 죽어서 어디를 가는 거냐고 묻는 건, 반대로 지금 내가 어디서 왔는지를 묻는 것과 같습니다. 누군가 그런 것들을 궁금해하라고 가르친 적 없지만, 아이들은 묻습니다. 문제는 그러한 질문들에 어떻게 다가가야 하는지 어른들이 모른다는 겁니다. 그리고 관심도 없지요. 관심은 한글을 읽게 하고, 영어를 듣게 하고, 수학 학습지를 푸는 데 있지요. 아이들이 본능적으로 철학적 사고를 하려 하는데 그 과정이 초반부터 막혀버립니다.

그럼 아이들에게 철학을 가르쳐야 하는 이유는 뭐라고 생각하시나요?

세상을 움직이고 나라를 바꾸고 고장을 일으키고 우리 주변을 변화하게 하는 시작은 '의심'하는 사람으로부터 나옵니다. 그 의심이 '의식의 전환'을 가져오고, 의식의 전환이 환경이나 삶의 스타일, 더 나아가 제도나 법, 시스템을 변화시키는 원동력이 되었지요. 그래서 '의심하는 사고'가 중요합니다. 옛 양반들은 그들이 부리는 '종, 상놈'들이 글자를 배우는 것을 원하지 않았습니다. 글을 배우고 깨우쳐서 그들이 왜 우리는 평생 종으로 살아야 하는지를 의심하기 시작하면 안 되기 때문이었죠. 아무런 의심 없이 그냥 그렇게 태어난 대로 죽을 때까지 있어야 양반과 종이 있는 그 사회 시스템이 그대로 잘 유지될 수 있죠. 이렇게 말씀드릴 수 있습니다. 그 누구든 '철학' 하지 않으면 지금의 상황에 안주한 노예로 살고 있는 겁니다. 우리 아이들이 평생을 노예로 살기를 원하지 않습니다.

그럼 아이들에게 철학을 가르칠 때 뭘 어떻게 시작해야 하나요?

아이들에게 철학교육을 할 때 맨 첫 번째로 알려줄 것은 '의심해도 된다'입니다. 그 어떤 것이든 '의심해도' 나쁜 것이 아니라는 사실을 자연스럽게 알게 해주는 겁니다. 보통 우리는 의심을 부정적으로 보고, 믿는 것을 긍정적으로 가르치죠. 이는 철학교육과 상충합니다. 기본적으로 철학은 수많은 질문을 통해 이루어집니다. 그 질문의 기초가 되는 것이 바로 '의심'입니다. 초등 시기에 '의심하는 생각'을 자주 접하게 할수록 철학적 사고에 더욱 가깝게 합니다. 의심하는 생각을 하게 해주는 단어가 있지요. '왜'라는 표현입니다. 그리고 '정말?'이라는 표현이지요.

이야기책을 통해 가능합니다. 동화 '효녀 심청'을 예로 들게요. 효녀 심청이가 아버지 심봉사의 눈을 뜨게 하기 위해서 인당수에 몸을 던졌습니다. 결론은 심청의 효성을 본받아야 한다는 내용이죠. 이때 의심하는 생각은 이런 것들이죠. "심청이가 바다에 몸을 던진 뒤, 아버지가 눈을 뜨면 아버지는 정말 행복할까?" "만약 아버지가 눈을 뜨고 심청이가 스스로 몸을 던진 걸 안다면 슬퍼하지 않을까?" "그렇다면 그걸 효라고 얘기할 수 있을까?" 등의 의심하는 생각들을 자연스럽게 할 수 있는 기회를 주는 거죠. 여기서 중요한 게 있는데요. 이러한 질문을 하고 아이들이 답해보게 하는 게 철학교육이 아닙니다. 이러한 질문을 스스로 할 수 있게끔 아이들이 '의심하는 생각'을 갖게 하는 것… 그게 철학 교육입니다.

도덕 시간에 철학 관련 이야기를 할 때가 종종 있습니다. 자아를 찾는 과정에서 '존재'에 대해 언급하기도 하고요. 철학을 전공하는 이들은 보통 세 가지 과목을 순서대로 중요하게 배웁니다. 여기서 말하는 철학은 서양철학을 말합니다. 처음에 논리학부터 시작합니다. 그리고 철학적인 단어들을 좀 구사하기 시작할 즈음 인식론을 배웁니다. 그리고 깊은 철학적 사고를 할 즈음 마지막으로 형이상학을 배웁니다. 형이상학을 지나면 그 뒤에 이제 인간의 영역을 넘어 '신학'으로 이어지는데요. 이 순서대로 철학을 교육하려면 초등학생들에게 논리학부터 시작해야 할 것 같은데요. 제가 막상 학교 현장에서 도덕 시간 혹은 재량 활동으로 조금씩 철학을 가르쳐봤을 때 초등 시기 아이들은 오히려 형이상학적 질문들에 더 흥미를 느끼고 잘 이해했습니다. 논리학은 깊은 관심을 보이지 않더라고요.

논리적인 사고가 철학에 도움이 되는 거 아닌가요?

논리적인 사고는 무척 중요합니다. 합리적인 의심과 그 의심을 뒷받침해줄 근거들을 정리해주거든요. 그런데 초등 1학년에서 3학년 정도는 논리적 사고를 가르치기보다 일단 마음껏 상상해보거나 직관적으로 사고하는 기회를 주시는 것이 좋습니다. 4학년 이상이 되면서 논리적 말하기 및 글쓰기를 시작하면 철학적 질문들에 보다 더 쉽게 적응할 수 있습니다.

글쓰기를 잘하면 철학 공부에 도움이 될 것 같은데, 어떤 글쓰기를 하면 철학적 사고에 좋을까요?

글쓰기를 할 때, 줄거리를 요약하는 연습에서 멈추면 안 됩니다. 보통은 책을 읽고 내용을 요약한 것을 적게 하고 마지막에 감상을 쓰게 하죠. 이건 철학교육이 아닙니다. 내용을 줄이는 연습만 하는 거죠. 철학은 내용 안에 오류가 없는지 살피고, 그 오류를 바탕으로 합리적인 의심을 하게 하는 과정이 필요합니다. 책을 읽고 독후감 쓰기를 할 때, 궁금하거나 이상하다고 느낀 것 혹은 이해가 되지 않는 것을 위주로 적게 합니다. 그에 대한 답은 몰라도 됩니다. 읽은 책에 대해 합리적으로 의심하고 그 의심들을 질문으로 바꾸어 독후감에 적게 하면 아주 좋은 철학 노트, 철학적 글쓰기가 됩니다.

왜 대학에서 배우는 철학 과목들 있잖아요. 철학자들 이름도 많이 나오는 그런 철학자들의 이야기를 초등학생들에게 가르치는 방법은 어떤가요?

고대 자연철학자부터 시작해서 소크라테스, 플라톤, 아리스토텔레스. 헬레니즘 시대에 에피쿠로스, 스토아학파. 중세 들어 교부철학, 스콜라 철학 이렇게 큰 줄기만 들어도 아이들은 벌써 매우 낯설어하죠.

자칫 철학을 또 하나의 암기 교과처럼 생각하게 됩니다. 그렇게 시작하는 순간 차라리 철학 수업을 안 하느니만 못한 일이 벌어지죠. 그보다는 앞에서 이야기한 대로 철학적 질문들을 스스로 해보고 또 답해보는 활동이 더 효과적입니다.

집에서 부모님들이 아이들에게 철학을 교육할 수 있는 접근법에는 어떤 게 있을까요?

철학을 학문으로 가르치려 하면 철학과 멀어집니다. 초등 아이들에게는 철학을 학문이 아닌 체험으로 느끼게 하는 것이 좋습니다. '철학 체험'은 이런 겁니다. 과학을 좋아하는 아이가 있습니다. 그중에서 생물에 해당하는 곤충을 무척 좋아해요. 그러면 보통 곤충도감을 보거나, 숲에 가서 잡아보기도 하고, 곤충 표본을 만들거나 곤충박물관을 견학하죠. 일종의 체험입니다. 그때 철학 체험을 하나 덧붙이는 거죠. "이 곤충도 생명이 있는데, 곤충이 지닌 생명의 가치는 어떻게 될까?" 등의 질문을 하는 기회를 갖는 겁니다. 곤충의 다리는 여섯 개고 더듬이가 있고 등의 관찰에만 머무르지 않고 이에 관련된 철학적 질문들을 해보는 거죠. 그런 과정이 생태윤리학도 탄생시키고, 환경운동으로도 이어지는 거죠. 그럼 이제 철학이 체험이 되는 겁니다.

대학 때 철학 개론이라는 과목을 듣는데 이런 질문을 받았습니다. "알면서 저지른 잘못이 나쁠까, 모르고 저지른 잘못이 나쁠까?" 철학하는 사람들 입장에서는 모르고 저지른 잘못이 더 나쁘다고 이야기합니다. 이유는 적어도 알면서 잘못한 사람들은 자신이 무얼 잘못했는지는 알지만 모르고 저지른 사람은 계속 모른 채로 잘못을 반복할 수 있다는 거죠. 철학은 무지함을 가장 경계하는 학문입니다. 그래서 철학은 무지함을 '악'이라 합니다. 아이들에게 철학을 가르친다는 건 삶의 무지함에서 깨어나게 하는 좋은 무기를 주는 겁니다. 아이들이 자신의 세계를 이끌어갈 시기가 되었을 때 무지함에서 오는 '악'을 저지르지 않게 꼭 철학적 사고를 갖추기를 희망해봅니다.

아이의 열등 기능을 보완하고 극복하는 법

아이의 '열등 기능', 이것이 무엇을 말하는 건가요? 약점을 말하는 건가요?

　열등 기능을 보통 가장 약한 기능이나 적성이라고 생각할 수 있습니다. 또는 부족한 능력 정도로 생각할 수도 있고요. 이렇게 생각하셨으면 좋겠습니다. 약하다기보다는 자주 사용하지 않는 기능이라고 말이죠. 예를 들어, 컴퓨터 키보드가 있어요. 키보드에 있는 자판 중에 어떤 자판은 자주 사용하지만 어떤 자판은 아주 가끔 사용할 겁니다. 자주 사용하는 자판은 키보드를 보지 않고서도 손가락이 움직여 사용할 거고요. 하지만 자주 사용하지 않던 자판은 사용하려면 잠시 키보드를 보고 위치를 파악해야 하죠. 이런 것이 열등 기능입니다. 평소에 좀 덜 의지하고 굳이 하려면 좀 불편한 기능들이죠. 그래서 자꾸 하지 않게 되는 기능들을 열등 기능이라고 보시면 됩니다. 독서도 자꾸 멀리하게 되면 읽고 숙고하고 결정하는 과정들이 열등 기능으로 자리 잡게 됩니다.

그런 기능들을 구체적으로 좀 더 많이 말씀해주신다면… 어떤 것들이 있나요?

기능에 대해 말씀드리면 사고 기능, 감정 기능, 감각 기능, 직관 기능 이렇게 크게 네 가지로 말씀드릴 수 있고요. 이 중에서 개개인이 자주 편하게 사용하는 기능을 주요 기능이라고 합니다. 가르쳐주지 않았음에도 어떤 아이는 주로 사고하는 기능을, 어떤 아이는 감정을, 어떤 아이는 감각을, 그리고 누구는 직관을 더 편하고 우선적으로 사용하는 거죠. 그리고 상대적으로 덜 사용하거나 사용해야 하지만 불편한 기능이 열등 기능이 됩니다.

그럼, 그런 기능 중에서 자주 사용하는 기능들은 능력이 더 쉽게 올라갈 수 있겠네요?

아이의 진로를 결정할 때 유년기 시절 보인 주요 기능에 따라 선택하는 경우가 많습니다. 또 그런 기능은 생애 초기부터 잘 드러납니다. 공간감각이 주요 기능인 휘윤이가 있습니다. 만들고 붙이고 조립하는 걸 쉽게 해냅니다. 자주 하다 보면 더욱 익숙해지고, 관련 놀이를 자주

하면서 자연스럽게 많은 훈련을 하죠. 그리고 결국 그 분야로 전문화됩니다. 사실 이런 과정이 어찌 보면 전문가로 성공하는 일반적인 순서죠. 문제는 앞에서 말씀드린 네 가지 기능 중에서 너무 한 가지에 무게중심이 집중된다는 겁니다. 사회통념상 성공에는 부합할지 모릅니다. 하지만 주요 기능에만 집중하다 보면 결국 여러 기능 중에 지나치게 사용하지 않는 열등 기능이 생긴다는 거고요. 이건 심리적으로 불안전함을 유발합니다.

심리적 불안전함은 어떤 식으로 나타나나요?

사실 심리적 불안전함을 초등 시기에는 잘 느끼지 못합니다. 근데 어른이 되면 조금씩 드러납니다. 유년기에는 보이는 주요 기능을 강화하는 데만 초점을 맞추고 30년을 그렇게 전문화합니다. 나름 그 분야에서 성공을 하죠. 그런데 그렇게 그 분야의 전문성만 갖추면 모든 일들이 다 잘될 것 같은데 행복하지 않고, 뭔가 불안하고, 대인 관계에 자꾸 어려움이 생기고, 심지어 우울하기까지 합니다.

심리 성격 기능을 신체 운동에 비유하자면, 30년 동안 팔 운동만 한 겁니다. 상체 운동만 정말 열심히 하고 하체 운동은 거의 하지 않아요. 상체만 보면 완벽하지만 하체는 걷기도 힘든 상황이라면 행복할까요?

앞서 말씀드린 사고, 감각, 감정, 직관 네 가지 기능들 모두 중요합니다. 단지 처음부터 개인별로 익숙한 것이 있고, 어떤 기능은 사용하는 데 불편한 것도 있어요. 그 불편한 기능을 성격심리학에서는 열등 기능이라 부르고요.

삶이 행복해지려면 어릴 때 네 가지 기능을 고루 잘 사용해야겠네요.

열등 기능을 굳이 주요 기능처럼 키우지는 않더라도 가끔 주기적으로 사용할 기회를 만들어주는 게 좋습니다. 사용하지 않는 열등 기능을 간접체험하는 데 독서가 큰 도움이 됩니다. 책 속에는 다양한 기능들을 사용하는 인물들이 등장하죠. 직접체험이 가장 좋지만 독서를 통한 기능들의 간접체험이라도 하지 않으면 그 기능을 사용해야 하는 순간들을 마주하기가 꺼려집니다. 또는 짜증을 내지요. 그럴 때 고학년의 부모들은 아이가 사춘기라서 짜증을 내는 줄 압니다. 하지만 열등 기능에 대한 일종의 회피일 수도 있습니다. 일단 아이가 자주 사용하는 주요 기능과 자주 사용하지 않는 열등 기능이 무엇인지를 부모는 알고 있을 필요가 있습니다.

그러면 아이의 열등 기능을 어떻게 파악하나요?

일반적으로 성격유형검사라는 것을 해보면 쉽게 알 수 있습니다. MBTI, 에니어그램 등이 있습니다. 문제는 초등 아이들이 어른들이 보는 검사지로 검사를 하면 오류가 많습니다. 아이가 검사지의 문장을 잘 이해하지 못하는 경우가 많거든요. 초등 아이들용으로 나온 것도 있는데요. 초등 3학년 이상이면 검사받을 수 있습니다. 초등 아이들용을 학교에서 실시해본 적이 있는데요. 문제는 심리학자들이 최대한 쉬운 용어로 풀어서 검사지를 만들어도 아이들마다 어휘력의 편차가 커서 이해가 힘든 경우가 있습니다. 그래서 이런 검사를 초등학생이 받을 때는 잘 이해가 되지 않는 문장에 대해 설명할 사람이 옆에 있어주어야 합니다. 그냥 아이에게 검사지를 주고 시간 되어서 걷어버리면 전혀 다른 결과가 나올 가능성이 많습니다. 평소 독서를 통해 어휘력이 높아진 아이들일수록 검사 결과의 신뢰도가 높게 나오지요.

초등 이전의 아이들은 열등 기능을 어떻게 알 수 있나요?

어떤 선택의 순간들을 유념해서 보시면 아이의 주요 기능과 열등 기능을 알 수 있습니다. 그 선택의 과정이 순간 직관적으로 했는지, 고민하고 사고하며 결정했는지, 감정적으로 선택했는지를 보시면 알 수 있습니다. 어린아이일수록 그들이 무언가를 취사선택할 때 자주 사용하지 않는 기능들을 열등 기능으로 보시면 됩니다. 그런 열등 기능과 관련된 직접활동을 가끔 또는 정기적으로 사용할 수 있는 환경을 만들어주면 자녀가 심리적으로 종합적인 성장을 이뤄나가는 데 도움을 줄 수 있습니다. 그리고 상시 다양한 종류의 책을 읽는 습관은 열등 기능들을 보완해주는 좋은 역할을 합니다.

열등 기능을 사용하게 할 때 유의점은 없을까요?

자녀가 열등 기능을 사용할 때는 정말 많이 기다려주셔야 합니다. 륜지라는 아이가 직관력을 열등 기능으로 사용한다고 가정하겠습니다. 보호자 입장에서 보면 륜지의 열등 기능을 위해 감각적인 놀이기구들을 사주거나 관련된 놀이를 함께하려 하겠죠. 그런데 가만히 보니 륜지가 아주 기초적인 레고 조립도 잘 못 해요. 이때 답답한 마음에 감정적으로 말하시면 안 됩니다. "넌 3학년인데 간단한 조립도 못 하니?" 안타깝지만 직관적인 륜지는 그 말을 듣고 바로 알아차립니다. '엄마 아빠가 나의 능력을 무시하는구나'라고요. 그리고 상황을 왜곡해서 받아들이죠. 자신에게는 모든 능력이 아주 부족하다고요. 이런 상황이 되면 오히려 더욱 나빠지죠.

열등 기능을 아이의 취미로 정착시켜주시면 좋습니다. 처음에는 불편하고 거부감부터 들 겁니다. 그런데 취미로 접근하면 어떤 목표나 반드시 해야 하는 의무가 없지요. 평가도 없고요. 단, 익숙하지 않을 것들이 조금씩 익숙해지는 과정만 느끼면 그 뒤부터는 오히려 주요 기능보다 더 재미있어합니다. 아인슈타인이 그랬죠. 정말 어려운 물리학 이론들을 생각해낸 그였지만, 그의 취미는 바이올린 연주였습니다. 그는 바이올린 연주가 즐겁다고 했는데요. 그에게 바이올린 연주는 주요 기능은 아니었습니다. 그렇지만 즐겁다는 생각이 들 정도까지는 되었습니다. 주변 사람들까지 그의 연주를 들을 때 즐거웠는지는 잘 모르겠지만, 스스로 즐거웠던 건 분명해 보입니다.

초등 학부모라면 엄마 아빠가 된 지 10년쯤 지나셨을 겁니다. 인생을 40년 정도 살아왔고요. 심리학자들은 이 시기를 '중간항로'라고 부릅니다. 하나의 변곡점이기도 하고요. 그간 본인의 열등 기능을 불편하다는 이유로, 바쁘다는 이유로 등한시했다면 지금쯤 조정하실 필요가 있습니다. 지금껏 논리·사고 기능만 사용하셨다면, 추상적 그림을 그리거나 감상해보시고요. 감성적 내용의 책을 읽는 것도 도움이 됩니다. 감성적인 업무나 관련 직종에 있으셨다면, 수학 문제집을 조금씩 풀어보시고요. 살아오는 데 별로 필요 없다고 느꼈던 그 기능들이 의외로 타인과의 관계에서 중심을 잡아줍니다. 뜻하지 않게 열등 기능을 사용하면서 새로운 활력을 얻을 수 있고요. 심리적으로 안 쓰던 근육을 사용할 수 있게 되면 그 유연성에 타인관계력이 높아집니다.

아이들의 열등 기능, 정리해주세요.

직장에서 감정 기능이 열등 기능인 상사와 감정 기능이 주요 기능인 직원이 하나의 팀을 이루기는 어려워요. 서로가 힘들어지고 갈등하며 결국은 힘의 논리로 가죠. 그 과정에서 서로 다치고요. 그런데 이제 어느 분야든 혼자 전문가로 살아가는 시대는 저물고 있습니다. 전문가끼리도 협업이 가능해야 하는 시대가 빠르게 다가오고 있습니다. 그러한 때에 본인의 열등 기능이 무엇인지 인식하고, 조금씩 보완해나가는 모습은 타인의 이해와 협력에도 큰 도움이 됩니다. 아이가 잘 사용하는 기능에 중심을 두면서 열등 기능을 버리고 가지 않도록 도와주세요. 가장 쉽게 열등 기능들을 보완할 수 있는 방법은 다양한 장르의 독서를 하는 겁니다. 더불어 직접적으로 체험을 하는 것이고요. 아이들의 미래에는 주요 기능을 잘 사용하냐 못지않게 자신의 열등 기능을 어떻게 조절하느냐가 큰 무기가 될 수 있다는 사실을 잊지 않으셨으면 좋겠습니다.

학습 만화의 부정적 요소를 최소화하려면

'학습 만화책'이라면 만화책인데요. 교과 학습에 관련된 내용으로 이루어진 만화책을 말씀하시는 건가요?

맞습니다. 이야기 위주의 만화책이 아닌 교과 교육과 연계된 만화책을 '학습 만화'라고 하는데요. 요즘 초등학생들이 많이 읽고 있는 학습 만화는 주로 역사 및 과학 분야입니다. 초등 5학년이 되면 사회 시간에 본격적으로 한국 역사가 시작되는데요. 고조선부터 시작해서 근대에 이르기까지 큰 줄기를 훑어갑니다. 수업 시간에 역사 관련 사항이나 과학 용어 및 실험 결과들을 미리 알고 있는 아이들의 경우 보통 두 부류로 나뉘는데요. 학원에서 선행으로 학습해서 미리 알고 있는 아이들도 있지만, 혼자 집에서 학습 만화를 읽어서 알고 있는 아이들도 제법 됩니다.

교과 내용을 이해하는 데 도움이 됩니다. 그런데 또 한편으로는 방해가 되는 부분도 있습니다. 학습 만화 관련 연구논문이나 관련 교육서, 칼럼 등을 보면 학습 만화가 학습에 도움이 되기 때문에 적극 활용해야 한다는 주장과 오히려 방해가 되기 때문에 자제해야 한다는 입장으로 나뉩니다. 한번 그 양쪽의 이야기를 다 펼쳐놓고 판단해보는 시간을 가져볼까 합니다. 학습 만화책을 읽혀야 하나 말아야 하나 고민하는 부모님이 꽤 많으십니다. 또 실제로 학습 만화책을 시리즈로 구입해서 읽고 있는 아이들도 많고요. 학급 현장에서 학습 만화책을 읽는 아이들을 관찰해본 입장에서 말씀드리도록 하겠습니다.

그럼 일단, 학습 만화가 학습에 도움이 된다고 주장하는 연구논문들의 내용부터 들어보죠.

학습 만화가 학습에 도움이 된다고 주장하는 연구자료들을 읽었을 때, 크게 공통적으로 세 가지를 말하고 있습니다.

첫째는 학습 만화를 통해서 어려운 교과를 이해하는 데 보조 도구로 사용하면 그 효과가 좋다고 합니다. 둘째는 아이들로 하여금 호기심을 자극하여 다음 내용에 관심 갖게 한다고 이야기하고 있죠. 셋째는 학습 만화를 이용하면 이해 속도가 빠르기 때문에 짧은 시간 동안 습득되는 지식의 양이 많다는 것입니다. 이런 내용들의 연구논문을 읽으면 초등 시기 학습 만화책을 적극 권장해야겠다는 생각이 들지요.

그럼 선생님이 학급에서 학습 만화를 읽은 아이들을 보았을 때, 정말 그러한 모습들을 보이나요?

일단 학급에서 '학습 만화'을 애용하는 학생들의 두드러진 특징은 관련된 지식의 양이 많습니다. 어려운 과학 용어, 사회 용어 등을 알고 있는 경우가 많습니다. 그리고 그 지식을 알고 있다는 사실을 드러내고 싶어 하는 경향을 보입니다. 어려운 교과를 이해하는 데 보조 도구로 사용하면 그 효과가 좋다는 첫 번째 견해에 대해서도 그 주장은 맞다고 봅니다. 단, 아이들 입장에서는 보조 도구로 사용한다는 것에 대해 그 개념이 없는 것이 학교 현장에서는 문제가 됩니다.

아이 입장에서 학습 만화를 보조 도구로 사용한다는 것에 대한 개념이 없다? 좀 더 풀어서 설명을 해주세요.

이론상으로는 학습 만화를 보조 도구로 사용하면 도움을 받을 수 있다는 것은 분명 맞는 말인데요. 학습 만화를 읽는 아이들 대부분은 시간이 갈수록 학습 만화를 보조 도구로 생각하지 않는다는 겁니다. 주요 학습 수단으로 금방 전환시킵니다. 학습 만화가 보조 도구에서 주요 학습 수단으로 바뀌면 장기적으로 보았을 때 자기주도 학습에 어려움을 느끼게 됩니다. 또한 긴 줄글이 있는 책을 읽을 수 있는 독서 지속력도 낮아집니다.

아이들이 왜 학습 만화를 보조 수단으로 삼지 않고 주요 수단으로 금방 넘어가게 되는 거죠?

그건 만화책 내용을 이해하기가 더 쉽기 때문입니다. 우리의 뇌는 교과서 내용을 이해하기 위해서는 4단계를 거칩니다. 읽기-인지구조화-이해-지식 습득의 과정인데요. 만화책을 읽을 때는 세 단계만 거치면 이해가 됩니다. 읽기-이해-지식 습득이죠. 교과서를 읽을 때 거쳐야 했던 인지구조화 과정이 생략됩니다. 즉, 긴 문장을 앞뒤 맥락을 짚어가면서 읽는 인지구조화 과정이 생략되기 때문에 만화책을 읽을 때의 뇌는 훨씬 덜 피곤하죠. 그래서 지식 습득 시간이 빨라지고 양도 많아집니다. 이런 시스템에 익숙해진 뇌는 줄글로 된 교과서나 다른 책을 읽고 싶어

하지 않게 됩니다. 만화책을 읽는 것에 비해 교과서 또는 장문의 글을 읽는 것은 두뇌 입장에서는 '중노동'에 해당되거든요.

만화책에 익숙해진 아이들은 긴 문장으로 이루어진 책을 읽을 때 어려움을 느낄 수도 있겠네요.

바로 그 부분을 학습 만화의 효과에 대해 부정적으로 바라보는 견해를 주장하는 교육자들이 주요 쟁점으로 삼고 있습니다. 만화책이 장기적으로는 독서 습관에 방해된다고 말하는데요. 그들의 주장들을 요약하면 마찬가지로 세 가지 정도로 정리됩니다.

첫째, 학습 만화 읽기에 정착하더라도 점차 학습 만화만으로 습득할 수 있는 지식 범위에 한계가 있다. 둘째, 학습 만화에서 읽은 책은 일반 서적으로 다시 읽으려 하지 않는다. 예를 들어 만화로 된 《삼국유사》를 읽은 아이들은 나중에 일반 서적으로 된 《삼국유사》를 읽으려 하지 않는 거죠. 셋째, 학습 만화에서 독서로 이어지는 것이 아니라 웹툰이나 일본 애니메이션으로 이어진다.

저도 개인적으로는 학급 현장에서 보았을 때, 세 번째 이유에 공감하는데요. 학습 만화를 주로 읽던 아이들을 보면 고학년이 되면서 학습 만화에서 학습이 빠지고 만화만 남는 경우를 보게 됩니다.

둘 중 하나를 선택해야 한다면, 저는 학습 만화에 대해 부정적 의견에 한 표를 주겠습니다. 그런데 우리 삶을 딱 이분법적으로 나눌 수는 없지요. 초등 자녀를 키우면서 학습 만화를 전혀 읽히지 않기도 쉽지 않습니다. 학교 도서관이나 공공도서관에도 많이 비치되어 있고요. 학습 만화에 대한 부정적 요소를 최소화하고 장점을 극대화하는 방안을 말씀드리겠습니다.

학부모님들이 자녀에게 학습 만화를 사주시는 가장 큰 이유는 어떻게든 책을 좀 가까이하게 하기 위함이 큽니다. 이건 꼭 피해야 합니다. 아직 책 읽기가 자리 잡히지 않은 아이는 만화책이 아닌 동화책부터 시작하시는 것이 좋습니다. 만화책이나 동화책이나 똑같이 그림이 들어 있다고 생각하시는데, 차이가 큽니다. 만화는 한 페이지에 그림들을 조각내어 한 컷 한 컷 묘사합니다. 즉, 그림으로 이야기가 전개됩니다. 말은 보조 수단이죠. 하지만 동화책은 한 페이지에 중심 그림이 한 개 들어갑니다. 그림이 보조이고 글이 중심이지요. 결국 스스로 책을 보고 해석하는 자기주도 학습이 가능해지려면 아이의 읽기 수준에 맞는 동화책부터 출발하셔야 합니다.

그럼, 학습 만화는 언제 읽게 하면 되나요?

학습 만화는 어려운 주제에 대한 자료 조사를 하거나, 아이들이 학습에서 쉬는 것을 목적으로 할 때 읽도록 허락해주시는 것이 좋습니다. 가령, 어떤 역사적 인물을 조사하는 과제가 있을 때, 그 인물의 사상이나 업적을 빠른 시간 안에 파악하려면 관련 학습 만화가 도움이 됩니다. 아이들이 인지구조화 과정 없이 직관적으로 쉽게 이해할 수 있으니까요. 또 아이가 오늘 정해진 학습 분량을 충분히 다 한 후에, 쉬는 과정으로 학습 만화를 읽는 것도 괜찮습니다. 일반적인 학습을 하다가 학습 만화를 읽으면 그 자체로 우리의 뇌는 이전에 비해 힘들이지 않고서도 이해가 되기 때문에 잠시 쉰다는 착각을 하게 됩니다.

결국 학습 만화는 보조 수단으로만 읽도록 허락하는 정도의 역할을 기대해야 겠네요. 그 밖에 학습 만화를 읽게 하는 또 다른 경우는 없나요?

아이가 어떤 분야에 대해 상식이 너무 부족하다고 느껴질 때, 학습 만화는 짧은 시간 안에 효과를 볼 수 있습니다. 역사 상식이 너무 없다, 지리적인 부분에 대한 상식이 너무 부족하거나 생물 분야 상식이 너무 없다, 이럴 때 관련 학습 만화를 읽게 하면 금방 관련 지식을 습득하는 데 도움을 얻을 수 있습니다. 그런데 이건 어디까지나 일반적인 독서 습관이 자리 잡힌 아이들에게 추천합니다. 그렇지 않으면 앞에서 이야기한 대로 아이가 학습 만화에만 의존할 가능성이 커집니다.

초등학생들의 '학습 만화' 정리해주시죠.

만화책의 '만(漫)' 자가 어떤 한자를 쓰는지 아시나요? '질펀하다, 넘쳐흐르다'라는 뜻입니다. 그리고 덧붙여서 '게으르다'는 뜻도 가지고 있습니다. 만화책은 좀 편하게, 게을러도 될 때 읽는 책입니다. 그 이상의 의미를 학습이라는 이름을 붙여서 혼란스러워하지 않으시길 바랍니다. 수능 만점자들이 늘 말하는 게 있습니다. "저는 교과서만 읽고 공부했어요." 공부에는 왕도가 없습니다. 꾸준히 지속적으로 책을 읽는 겁니다. 게으름은 용납되지 않습니다. 그것만 기억하셨으면 좋겠습니다.

어떤 책을 언제부터
읽어줘야 할까요?

초등학생에게 책을 읽어주면 재미있어하나요?

무척 좋아합니다. 한번은 일주일 동안 1학년 교실에서 동화책을 읽어준 적 있습니다. 학교 독서 홍보주간이었는데요. 선생님들이 학급을 바꿔서 책 읽어주는 교육 프로그램이었습니다. 일주일간의 독서 홍보기간이 끝나고 마지막 날, 아이들이 정말 많이 아쉬워했습니다. 또 언제와서 읽어주냐고 물었고요. 1년 후에 다시 독서 홍보주간이 오면 또 이 프로그램을 할 수도 있다고 그렇게 대답해주었는데요. 그리고 저는 잊어버리고 있었습니다. 그 아이들이 2학년 되고 복도에서 만났는데, 제게 묻더군요. 1년 지난 것 같은데 왜 안 오시냐고요. 아이들은 동화책 읽어주는 시간을 무척 기다리고 있었습니다.

초등 고학년이면 유튜브에 빠져 있거나 스마트폰 게임에 빠져 있는 아이들이 제법 됩니다. 그런데 그런 아이들도 책 읽어주는 시간에 몰입도가 높습니다. 그림책이 아닌 긴 내용의 소설책도 읽어주면 재미있게 듣습니다. 어떤 아이들은 제가 한 권 다 읽어주면 며칠 후 도서관에서 그 책을 빌려서 다시 읽어보기도 합니다. 며칠 전에 읽어준 책을 왜 또 읽냐고 물어보면 다시 읽어도 또 재밌을 것 같아서 읽는다고 그렇게 말합니다.

그럼 자녀에게 책을 읽어주는 건 언제부터 시작하고, 또 언제까지는 해주는 게 좋을까요?

책 읽어주기는 될 수 있으면 일찍부터 해주시는 것이 좋습니다. 태교부터 시작해서 초등 4~5학년 정도까지는 매일 읽어주시기를 권합니다. 그러자면 거의 10년 이상이 되는데요. 아무리 늦어도 세 살 정도부터는 부모님이 책 읽어주시는 것을 시작하시는 것이 좋습니다. 그리고 특히 글자를 알기 시작하면서는 좀 더 적극적으로 읽어주시기를 권합니다.

글자를 익히기 시작하면 스스로 책을 볼 수 있잖아요. 그런데도 읽어주는 게 좋은가요?

그 시기에 혼자 읽기도 하지만 엄마나 아빠가 읽어주는 과정도 병행하시면 자녀의 독서력에 훨씬 좋습니다. 아이들이 초보 독서가에서 숙련된 독서가로 넘어가는 그 시기가 매우 중요한데요. 이 시기 부모 입장에서는 아이가 책을 더듬더듬 혼자서 제법 읽기 시작하니까 책 읽어주기를 소홀히 하시기 쉽습니다. 그럼 아이가 초보 독서가에서 회피 독서가로 갈 수 있습니다. 책을 더듬더듬 읽는 건 무척 힘든 일이거든요. 속도감도 없고 지루합니다. 초보 독서가 아이들은 어떤 책을 주로 혼자 읽느냐면 엄마 아빠가 정말 재미있게 읽어주었던 책을 다시 집어서 혼자 읽습니다. 엄마 아빠가 자주 읽어준 책은 혼자 읽어도 속도감이 나고 재미있거든요.

요즘 동화책 읽어주는 앱이나 유튜브도 많잖아요. 그걸 아이들에게 들려주는 건 어떤가요?

시각적인 자극 없이 청각만으로, 즉 들려주는 이야기 형식의 프로그램들은 괜찮습니다. 주로 아이들 잠자기 전에 들려주시기도 하고요. 엄마 아빠가 너무 피곤하시면 그걸로 대체하셔도 됩니다. 아무 이야기도 들려주지 않는 것보다는 낫지요. 그래도 제일 좋은 건 엄마 목소리로 직접 읽어주시는 겁니다. 아이들의 뇌 활성도를 보면, 엄마의 음성에 제일 많은 부분이 반응하거든요. 또 아이의 몰입도에 따라서 엄마 음성의 강약을 조절해주는 과정을 통해서 교감도 느낄 수 있고요. 엄마의 책 읽어주는 시간은 단순히 읽어주는 시간을 넘어서 정서적 관계성 형성에 큰 도움이 됩니다.

그럼 아빠들은요? 보통은 아빠들은 몸으로 많이 놀아주라고 하잖아요.

　아빠가 책을 읽어주는 것도 좋습니다. 아빠 중에 자녀와 어떻게 대화를 해야 할지 잘 모르는 분들이 의외로 많습니다. 특히 미취학 아동의 경우, 장기간 출장을 다녀오시면 아이들이 부쩍 커버리고, 아빠로서 어떻게 다가가 교감해야 할지 어색하신 분이 있습니다. 그럴 때는 책 읽어주기가 정말 좋습니다. 아이가 아빠의 목소리에 안정감을 느낄 뿐 아니라 아빠는 책을 읽어주었을 뿐인데 아이들은 아빠와 대화했다고 느낍니다. 아빠 중에 자녀와 어떻게 놀아주어야 할지 모르겠고, 어떻게 대화할지도 모르시겠다면 책 읽어주기를 추천합니다. 요즘처럼 재택근무하면서 자녀와 함께 있는 시간이 길어졌을 때 놀아주는 것도 한계가 있고요. 책 읽어주는 것을 병행하시면 정말 좋은 아빠가 될 기회를 잡으실 수 있습니다.

어떤 책을 읽어주느냐도 고민될 것 같아요. 아이들에게 읽어줄 책을 어떻게 고르면 될까요?

어떤 책을 읽어주느냐는 사실 크게 차이가 없습니다. 책 읽어주기의 성패는 어떤 책인가보다 자녀에게 읽어줄 책을 엄마나 아빠가 먼저 읽어보는 게 중요합니다. 먼저 읽어보아야 책을 읽어줄 때 실감나게 읽어줄 수 있습니다. 즉, 읽어주는 사람은 책 내용을 이미 알고 있어야 목소리 톤이나 표정 등을 아이가 최대한 몰입할 수 있게 조절할 수 있습니다. 또 이렇게 미리 읽다 보면 저절로 읽어줄 책이 선별됩니다. 아이에게 책 읽어줄 시간을 내기도 어려운데 미리 그 책을 읽어볼 시간을 어떻게 낼지 막막하신 분들은 일단 그냥 읽어주시고요. 다음에 그 책을 또 읽어주셔도 됩니다. 그때는 좀 더 실감나게 읽어주실 수 있습니다. 자녀의 나이가 어릴수록 똑같은 책을 몇 번이고 더 읽어주어도 재미있어하니까요. 일단 망설이지 말고 읽어주는 시간을 마련하시기 바랍니다.

집에서 자녀에게 책을 읽어줄 때 실감나게 읽어주라고 하셨는데 처음엔 쑥스러울 것도 같아요. 어떤 요령이 있을까요?

혹시 조선 후기 '전기수'라고 들어보셨나요? '기이한 이야기를 전하는 사람'이란 뜻인데요. 조선 후기 한글 소설들이 배포되고 인기 있던 시절, 소설을 맛깔나게 읽어주는 사람을 '전기수'라고 했는데요. 어른 아이 할 것 없이 그의 책 낭독이 시작되면 빠져들지 않을 수 없었다고 합니다. 너무도 책을 실감나고 재미있게 잘 읽어서 인기가 아주 많았다고 하는데요. 그들이 어떤 방식으로 책을 읽었는지를 살펴보면 부모님들이 책 읽어주는 데 모델로 삼을 수 있습니다.

'전기수'의 책 낭독 비법, 뭔가요?

EBS 〈역사 채널〉에서 조선 시대 '전기수'의 책 낭독 비법을 소개한 적 있는데요. 이렇게 말하고 있습니다.

첫째, 읊조리듯, 노래하듯 읽어라.
둘째, 가슴으로 외워라.
셋째, 눈길과 표정, 자세를 청중에게 맞춰라.

넷째, 이야기가 고조되는 부분에서 잠시 멈춰라.

실제로 학급 아이들에게 들려줄 때, 때론 읊조리듯이 때론 리듬감 있게 때론 소곤소곤, 책 내용에 따라 목소리 톤만 살짝 바꿔주어도 아이들의 몰입감이 높아짐을 느낄 수 있었습니다. 특히 이야기가 고조되는 부분에서 잠깐 멈추고 아이의 시선을 맞춰주면 아이들 얼굴에 애타는 게 보입니다. 빨리 결정적인 장면을 읽어달라는 듯 정말 조용히 기다립니다. 그 순간에 저는 장난스럽게 이렇게 말하는데요. "음… 다음 시간에 계속 읽어줄게." 그러면 아이들이 바로 더 읽어달라고 난리가 나죠. 그럼 그때 못 이기는 척 계속 이야기를 들려줍니다.

아이에게 책 읽어주기를 멈추는 시기는 어떻게 정하면 될까요?

숙련된 독서가로 자리 잡히면 그땐 멈추셔도 됩니다. 엄마나 아빠가 읽어주지 않아도 책이 재미있고 멈추지 못하는 단계인데요. 엄마 아빠가 책을 많이 실감나게 읽어주실수록 아이들은 숙련된 독서가로 빠르게 진입합니다. 자기주도적으로 책을 읽는 아이들이 생각보다 많지 않은데요. 그런데 그렇게 자기주도적으로 책을 읽는 아이들의 대부분은 누군가 어린 시절부터 책 읽어주던 사람이 꼭 있었습니다. 아이들이 책을 눈으로 읽고 이해하는 속도가 말하는 속도보다 빨라질 때까지는 부모님이 자주 읽어주시는 것이 필요합니다. 자녀가 숙련된 독서가로 진입하는 데 큰 도움이 됩니다.

자녀에게 책 읽어주기에 대해 정리해주세요.

영국의 유명한 동화작가 마이클 로젠은 한 방송사 인터뷰에서 이렇게 말했습니다.

"단어들을 아이들의 귓속에 살아 있게 하는 게 중요합니다."

책이 아이들의 내면에서 역동적으로 작용하게 하는 데 직접 읽어주는 것만한 것은 없습니다. 아이들에게 "책 읽어라!" 하시지 말고 "책 읽어줄게"라고 하시기 바랍니다. 책 속의 단어들이 아이들 맘속에 새로운 꿈들을 탄생시켜줄 겁니다.

메타인지를 높이는
독서방법이 있나요?

메타인지가 뭐죠?

나를 떨어뜨려놓고 스스로를 살펴보는 인지 능력인데요, 초등학생들도 그런 메타인지를 사용할 수 있나 싶으실 텐데, 초등학교 5~6학년 정도 되면 메타인지를 사용하는 아이들이 보이기 시작합니다. 드물게는 3~4학년에서도 보이긴 하는데 5~6학년의 경우에는 메타인지를 사용하는 아이들과 그렇지 않은 아이들 간의 차이가 뚜렷이 보입니다.

뚜렷이 보인다니… 구체적으로 예를 들어서 말씀해주세요.

메타인지라는 건 나를 스스로 객관화할 수 있는 인지 능력입니다. 또는 현재 나의 위치가 어디쯤 와 있는지 스스로 판단할 수 있는 능력이죠. 이번 수학 단원평가를 보는데 열심히 공부한 A 학생과 B 학생 둘 다 시험 보기 3일 전에 똑같이 예상합니다. '이번에는 90점을 맞을 수 있을 거야.' 그런데 A 학생은 92점을 받았고, B 학생은 70점을 받았습니다. A 학생만 자신이 예상한 점수와 비슷한 점수를 받았지요. 실제로 메타인지가 높은 아이들은 이렇게 자신의 실력을 거의 비슷하게 예상하고, 또 결과도 비슷하게 나옵니다.

그럼 B 학생은 본인이 70점 실력인데 어떻게 90점이라고 예상한 거죠?

그 질문이 바로 메타인지를 사용하는 아이와 그렇지 않은 아이의 차이를 찾는 핵심이 되는데요. 메타인지를 사용하지 않는 아이들은 이렇게 말합니다. "아… 이번엔 느낌이 좋아. 잘될 것 같아." "아… 이번엔 느낌이 안 좋아." 자신의 실력을 느낌이나 감으로 판단합니다. 학원에서 매일 3시간씩 강의를 들었어요. 가만히 듣고 있으니까 다 알아듣겠어요. 그래서 느끼죠. '아~ 이번 시험에는 90점 맞을 느낌이야.' 그런데 느낌이라는 것은 엄밀히 말하면 감성적인 표현입니다. 감성적으로 충만한 것 같다고 생각하는 걸 현재 실력이라고 착각하는 겁니다. 그들은 결과를 보고서도 납득이 잘 안 되죠. '아~ 열심히 했고, 이번에는 느낌도 좋았는데… 왜 이거 밖에 안 되지?' 이런 과정이 반복되면 느낌으로

또 단정 짓죠. '난 역시 공부머리가 아닌가 봐⋯.'

그럼 메타인지를 사용하는 아이들은 느낌이 아니라 어떻게 본인을 인식하죠?

거시적 관점과 본인의 경험 데이터를 활용합니다. 일단 거시적으로 시험 범위까지 전체 분량을 확인합니다. 그리고 그 전체적인 분량에 대해 책은 몇 번 읽었는지, 문제집은 얼마나 풀었는지, 틀린 문제에 대해 다시 확인 작업을 했는지 등을 객관화합니다. 그렇게 객관화하는 데 과거의 경험 데이터가 중요한 역할을 합니다. 예를 들어, 4학년 때 어느 정도 했을 때 80점을 맞았다는 기준점이 있죠. 그것보다 좀 더 하면 90점이 될 거고 몸이 아팠거나 놀았거나 해서 그 기준보다 덜 했으면 70점이 되겠죠. 이렇게 스스로 실력을 객관화시킬 기준점을 찾아놓습니다. 그런 아이들은 왜 그렇게 예상하냐고 물어보면 느낌이 아니라 경험으로 말합니다. "음⋯ 문제집은 다 풀었는데요. 틀린 문제를 다시 확인할 시간이 부족했거든요." 이게 메타인지를 사용하느냐 사용하지 않느냐의 차이가 됩니다.

메타인지를 사용하는 아이들은 느낌이 아니라 경험 데이터를 가지고 판단한다. 이런 차이가 계속되면 학년이 올라가면서 학력 격차가 커지는 건 아닌가요?

맞습니다. 이 차이는 중·고등학교에서 더 확연히 드러납니다. 몇 년 전 EBS 다큐멘터리에서 전국 석차 0.1퍼센트 아이들과 성적이 보통인 아이들을 비교하는 실험을 한 적이 있습니다. 두 집단 모두 열심히 노력하는 아이들이었습니다. 실험 결과, 두 집단의 큰 차이점은 아이큐가 아니었습니다. 메타인지를 사용하느냐 사용하지 않느냐가 가장 큰 차이점이었습니다.

그럼 어떻게 하면 아이가 메타인지를 자주 사용할 수 있나요?

전체적인 상황을 조망하는 경험을 자주하면 메타인지 사용을 자연스럽게 습관화할 수 있습니다. 어린 시절 아이에게 동화책을 읽어주는 과정이 이런 조망하는 경험에 탁월한 효과를 보입니다. 아이는 동화책을 마치 위에서 아래로 내려다보듯이 쳐다보게 되죠. 그리고 엄마의 책 설명을 들으면서 동화책 그림 구석구석을 살펴봅니다. 그 과정에서 이야기의 퍼즐이 맞춰지죠. 책을 한 장 넘기면 또 같은 과정이 반복됩니다. 책을 다 읽고 나면 한 장 한 장 조망하듯 바라봤던 그림들이 전체적인 줄거리로 이어지는 현상이 자연스럽게 일어나죠. 이 과정은 메타인지를 사용하는 패턴과 매우 유사합니다. 이렇게 책을 자주 읽어주시면서 좋은 질문을 해주시면 메타인지를 높여주는 데 효과가 있습니다.

두 가지 질문이 메타인지를 높이는 데 좋습니다. 첫 번째는 책 속 주인공의 다음 장면을 예상하게 하는 질문입니다. "지금 오리가 산속으로 들어가려고 하잖아. 그럼 숲속에서 누구를 만나게 될 것 같아?" 이렇게 현재 상황을 보면서 다음 상황을 예상하게 하는 질문을 하면 메타인지를 높이는 데 도움이 됩니다. 또 다른 질문은 "만약 너라면… 어떻게 하겠니…?"입니다. "만약… 네가 주인공 오리라면 너도 산속으로 들어가겠니?" 들어간다고 하면 왜 그렇게 생각했는지, 들어가지 않겠다면 왜 그렇게 생각했는지를 구체적으로 물어보면서 아이들이 상황을 구체적으로 떠올리게 합니다. 이야기 속 상황을 구체화시키고 다음을 예상하게 하는 과정을 질문을 통해 유도하면 아이가 자연스럽게 메타인지를 사용하게 됩니다.

메타인지를 사용하지 못하도록 제일 많이 실수하는 부분이 "노력하면 된다"입니다. "앞으로 시험 10일 남았거든. 10일 동안 열심히 노력해. 그럼 잘될 거야." 이렇게 말하면 아이들은 느낌으로 알아듣습니다. '음, 열심히 하자. 이번에는 열심히 했으니까. 느낌이 좋아.' 메타인지를 사용하게 하려면 구체적으로 확인해주어야 합니다. "앞으로 10일 남았는데 네가 지금 제일 부족한 부분이 뭐라고 생각하니?" 이렇게 아이 스스로 부족한 부분을 객관화하는 구체적 질문을 하고 대답을 기다려야 합니다. 또는 "10일 동안 우선 무엇부터 해야 된다고 생각하니?" 이렇게 묻고 대답하는 과정도 좋습니다. 이렇게 현 상황을 파악해야 대답할 수 있는 질문을 평소에 하시면 메타인지를 자주 사용하게 됩니다.

메타인지가 학습 분야에서만 차이를 보이나요? 아니면 다른 부분에도 영향을 주나요?

메타인지는 학습 분야에만 해당되는 게 아닙니다. 어느 분야든 영향을 줍니다. 중요한 건 어느 분야에서든 메타인지를 통해 '내가 지금 어디에 있는지 안다'는 데 있습니다. 이 개념은 '자기객관화'를 통칭하는 말이지만 아이마다 메타인지를 잘 사용하는 분야가 다릅니다. 우선, 성장 및 교육 배경에 따라 차이가 납니다. 학습 관련해서 메타인지를 잘 사용하는 아이들은 상위권 그룹에 진입하기 매우 유리합니다. 대인 관계에서 메타인지를 잘 사용하는 아이들은 친구 관계가 좋습니다. 운동

기능에 메타인지를 잘 사용하는 아이들은 높은 운동 능력을 발휘합니다. 우리 아이가 어느 부분에 메타인지를 잘 활용하는지, 어느 부분에서 부족한지 파악하시고 보충하는 것이 필요합니다.

우리 아이가 어느 부분에 메타인지를 잘 활용하는지 혹은 못하는지 어떻게 알 수 있죠?

"직접 가르친다는 생각으로 설명해보라" 하면 좋습니다. 학습과 관련해서 시험 관련 내용을 구체적으로 설명하고, 무엇을 어떻게 할 예정인지 명확하게 이야기하면, 그 분야에 대한 메타인지를 잘 활용하는 겁니다. 친구 관계도 마찬가지입니다. 그 친구의 어떤 점이 좋고, 단점은 무엇인데 그에 대한 내 감정이 어떤 마음이 들고 앞으로 어떤 놀이를 같이 할 예정인지 등을 설명한다면 관계성에 대한 메타인지를 잘 활용하고 있는 겁니다. 말로 설명할 수 있거나, 그림, 도표, 글로 관련 내용을 풀어서 설명할 수 있으면 해당 분야에 메타인지를 발휘하고 있다고 보시면 됩니다. 그런데 제대로 설명 못 한 채 "음, 그냥 좋잖아", "음, 싫으니까", "음, 왠지 맘에 안 들어" 이런 대답은 메타인지를 활용하고 있지 않는 겁니다. 그냥 자기중심적인 사고를 통해 전체적인 상황을 판단하고 있는 겁니다.

메타인지를 사용하는 이들은 구체적인 긴장감을 갖습니다. 메타인지를 사용하지 않는 이들은 적당한 '감'으로 합니다. 목표한 바를 이루는 데는 막연한 '감'보다는 구체적인 '긴장감'이 좋습니다. 6개월 후 뭔가 달라진 내 모습을 기대하려면 6개월 동안 중점을 두어야 할 것이 무엇인지 판단해보시기 바랍니다. 메타인지를 활용해야 할 좋은 때는 바로 '지금'입니다.

초등학생 학년별 추천도서 888권

초등학생 추천도서 888권을 소개합니다. 책의 주제와 난이도에 맞춰 추천도서를 저학년, 중학년, 고학년으로 분류하였습니다. 반드시 이 분류에 맞출 필요는 없습니다. 자녀의 나이와 함께 평소 독서량, 어휘 수준, 관심 분야 등을 고려해서 적절한 책을 골라 꾸준히 독서 습관을 잡아가도록 합니다.

중요한 것은 다양한 주제와 형식, 분량의 도서를 읽을 기회를 제공하여 편독하지 않도록 하는 것입니다. 추천도서 리스트를 참조하여 자녀에게 책을 고르는 재미를 느끼도록 안내해주시기 바랍니다.

 저학년

	도서명	지은이	출판사
1	《가을 운동회》	임광희 지음	사계절
2	《가정 통신문 소동》	송미경 글 / 황K 그림	위즈덤하우스
3	《가족에는 규칙이 있어요!》	로랑스 살라윈 글 / 질 라파포르 그림	내인생의책
4	《강아지똥》	권정생 글 / 정승각 그림	길벗어린이
5	《개 사용 금지법》	신채연 글 / 김미연 그림	잇츠북어린이
6	《개똥이의 1945》	권오준 글 / 이경국 그림	국민서관
7	《갯벌이 좋아요》	유애로 지음	보림
8	《거꾸로 가족》	신은영 글 / 노은주 그림	단비어린이
9	《거꾸로 오르기 숙제》	후쿠다 이와오 글·그림	상상의집
10	《거리의 화가 타이리, 세상을 바꾸다》	J. H. 샤피로 글 / 바네사 브랜틀리 뉴턴 그림	찰리북
11	《거미 아난시》	제럴드 맥더멋 글·그림	열린어린이
12	《거짓말 같은 이야기》	강경수 글·그림	시공주니어
13	《거짓말쟁이 왕바름》	박영옥 글 / 유수정 그림	고래가숨쉬는도서관
14	《걱정 덜어내는 책》	레이첼 브라이언 지음	아울북
15	《걱정 세탁소》	홍민정 글 / 김도아 그림	좋은책어린이
16	《걱정을 삼킨 학교》	김지연 글 / 장정오 그림	꿈터
17	《건강을 책임지는 책》	채인선 글 / 윤진현 그림	토토북
18	《건축가 이기 펙의 엉뚱한 상상》	안드레아 비티 글 / 데이비드 로버츠 그림	천개의바람
19	《겁보 만보》	김유 글 / 최미란 그림	책읽는곰
20	《겁쟁이 빌리》	앤서니 브라운 글·그림	비룡소
21	《고양이 펠리체의 사뿐사뿐 세계 여행》	조반나 조볼리 글 / 시모나 물라차니 그림	찰리북

22	《곤충의 몸무게를 재 볼까?》	요시타니 아키노리 글·그림	한림출판사
23	《공감 씨는 힘이 세!》	김성은 글 / 강은옥 그림	책읽는곰
24	《괴물들이 사는 나라》	모리스 샌닥 글·그림	시공주니어
25	《구두 공주》	마델론 쿠링하 글·그림	지혜정원
26	《궁금한 우주 정거장》	캐런 브라운 글 / 비 존슨 그림	사파리
27	《궁금해요, 정약용》	안선모 글 / 한용욱 그림	풀빛
28	《기다려, 오백원!》	우성희 글 / 노은주 그림	단비어린이
29	《긴긴 겨울잠에 폭 빠진 동물들》	미셸 프란체스코니 글 / 카퓌신 마질 그림	개암나무
30	《길모퉁이 아파트》	레카 키랄리 글 / 제니 에킨탈로 그림	우리나비
31	《깊은 밤 필통 안에서》	길상효 글 / 심보영 그림	비룡소
32	《까르르 깔깔》	이상교 글 / 길고은이 그림	미세기
33	《까막눈 삼디기》	원유순 글 / 이현미 그림	웅진주니어
34	《까만 아기 양》	엘리자베스 쇼 글·그림	푸른그림책
35	《까치가 물고 간 할머니의 기억》	상드라 푸아로 셰리프 글	한겨레아이들
36	《깐치야 깐치야》	권정생 글 / 원혜영 그림	실천문학사
37	《꼬박꼬박 말대꾸 대장》	모린 퍼거스 글 / 친 렁 그림	찰리북
38	《꼬부랑 할머니는 어디 갔을까?》	유영소 글 / 김혜란 그림	샘터사
39	《꼴찌여도 괜찮아》	바바라 에샴 글 / 마이크 고든 그림	아주좋은날
40	《꿈꾸는 칭찬나무》	류근원 글 / 이규경 그림	좋은꿈
41	《나 혼자 해볼래 저축하기》	한라경 글 / 박영 그림	리틀씨앤톡
42	《나, 오늘은 어휘력이 커지는 낱말 퍼즐놀이》	정명숙 글 / 윤회수 그림	파란정원
43	《나는 그냥 나예요》	김해원 글 / 정소영 그림	낮은산
44	《나는 나의 주인》	채인선 글 / 안은진 그림	토토북
45	《나는 닐 암스트롱이야!》	브래드 멜처 글 / 크리스토퍼 엘리 오풀로스 그림	보물창고

46	《나는 무엇이었을까?》	호르헤 루한 글 / 치아라 카레르 그림	분홍고래
47	《나는 자라요》	김희경 글 / 염혜원 그림	창비
48	《나는 제인 구달이야!》	브래드 멜처 글 / 크리스토퍼 엘리 오풀로스 그림	보물창고
49	《나는야, 파리》	브리짓 히오스 글 / 제니퍼 플리커스 그림	스콜라
50	《나도 최고가 되고 싶어요》	앨리슨 워치 글 / 패트리스 바톤 그림	책과콩나무
51	《나만의 산 체험하기》	앨리슨 파렐 글·그림	풀과바람
52	《나무들이 재잘거리는 숲 이야기》	김남길 글 / 끌레몽 그림	풀과바람
53	《나미타는 길을 찾고 있어요》	마르 파본 글 / 마리아 히론 그림	풀과바람
54	《나의 봄 여름 가을 겨울》	린리쥔 글·그림	베틀북
55	《나의 빨간 모자》	레이첼 스텁스 글·그림	재능교육
56	《나의 집》	다비드 칼리 글 / 세바스티앙 무랭 그림	봄개울
57	《난 토마토 절대 안 먹어》	로렌 차일드 글·그림	국민서관
58	《날아라, 삑삑아!》	권오준 글 / 김주경 그림	파란자전거
59	《내 옆의 아빠》	수쉬 글·그림	주니어김영사
60	《내 이름은 삐삐 롱스타킹》	아스트리드 린드그렌 글 / 잉그리드 방 니만 그림	시공주니어
61	《내 이름이 어때서》	조성자 글 / 허구 그림	좋은책어린이
62	《내 친구 마틴은 말이 좀 서툴러요》	알레인 아지레 글 / 마이테 그루차가 그림	라임
63	《내가 도와줄게!》	송은경 글·그림	머스트비
64	《내가 쓰고 그린 책》	리니에르스 글·그림	책속물고기
65	《내가 제일이다》	현덕 글 / 한병호 그림	창비
66	《내가 좋아하는 곡식》	이성실 글 / 김시영 그림	호박꽃
67	《내가 하는 말이 왜 나빠?》	이현주 글 / 최지영 그림	리틀씨앤톡
68	《내가 학교를 만든다면?》	김서윤 글 / 국형원 그림	토토복

69	《너는 어떤 씨앗이니?》	최숙희 글·그림	책읽는곰
70	《너는 어떻게 학교에 가?》	미란다 폴, 바트스트 폴 글 / 이사벨 무뇨즈 그림	한겨레아이들
71	《너는 특별하단다》	맥스 루카도 글 / 세르지오 마르티네즈 그림	고슴도치
72	《넌 누구 생쥐니?》	로버트 크라우스 글 / 호세 아루에고 그림	비룡소
73	《널 만나서 행복해》	여주비 글·그림	노란돼지
74	《노란 샌들 한 짝》	캐런 린 윌리엄스, 카드라 모하메드 글 / 둑 체이카 그림	맑은가람
75	《놀이기구를 타면 왜 어지러울까?》	패트리샤 맥네어 글 / 리처드 왓슨 그림	사파리
76	《누가 내 머리에 똥 쌌어》	베르너 홀츠바르트 글 / 볼프 에를브루흐 그림	사계절
77	《누가 진짜 나일까?》	다비드 칼리 글 / 클라우디아 팔마루치 그림	책빛
78	《누구 그림자일까?》	최숙희 글·그림	보림
79	《눈사람 아저씨》	레이먼드 브리그스 글·그림	마루벌
80	《늑대가 된 아이》	클레망틴 보베 글 / 앙투안 데프레 그림	산하
81	《늑대가 들려주는 아기돼지 삼형제 이야기》	존 셰스카 글 / 레인 스미스 그림	보림
82	《늑대들이 사는 집》	허가람 글 / 윤정주 그림	비룡소
83	《다르지만 틀리지 않아》	칼 노락 글 / 자우 그림	책과콩나무
84	《달 샤베트》	백희나 글·그림	책읽는곰
85	《달에서 봤어!》	김성화, 권수진 글 / 이광익 그림	토토북
86	《대단한 콧구멍》	김유 글 / 김유대 그림	책읽는곰
87	《대자연 속에서 찾아낸 멋진 생각들》	엘린 켈지 글 / 김소연 그림	머스트비
88	《도토리 마을의 경찰관》	나카야 미와 글·그림	웅진주니어
89	《도토리 탐정》	유타루 글 / 김효은 그림	뜨인돌어린이

90	《동물들은 새끼를 어떻게 돌볼까요?》	파블라 하나치코바 글 / 린흐 다오 그림	씨드북
91	《동시로 배우는 인성》	김종상 글 / 김세희 그림	파랑새어린이
92	《돼지책》	앤서니 브라운 글·그림	웅진주니어
93	《들썩들썩 동화의 집》	게리 베일리 글 / 조엘 드레드미, 캐런 래드퍼드 그림	개암나무
94	《딸 인권 선언》	엘리자베스 브라미 글 / 에스텔 비용 스파뇰 그림	노란돼지
95	《또박또박 반갑게 인사해요》	안미연 글 / 홍효정, 홍우정 그림	상상스쿨
96	《라면의 정석》	신정민 글 / 신홍비 그림	돌멩이
97	《레오나르도 다빈치》	장 밥티스트 드 파나피유 글 / 뤼디 빈 스톡 그림	아롬주니어
98	《로켓보이》	케이트 제닝스 글 / 조이 릴링턴 그림	찰리북
99	《로쿠베, 조금만 기다려》	하이타니 겐지로 글 / 초 신타 그림	양철북
100	《루브 골드버그처럼》	사라 애런슨 글 / 로버트 뉴베커 그림	함께자람
101	《루푸타의 희망편지》	정리태 글 / 이욱재 그림	출판iN
102	《마법의 설탕 두 조각》	미하엘 엔데 글 / 진드라 케펙 그림	소년한길
103	《마왕의 방에 들어간 돼지》	백명식 글·그림	내인생의책
104	《마음도 저금할 수 있나요?》	후지모토 미사토 글 / 다나카 로쿠다이 그림	라임
105	《마음박사》	윤병문 글 / 이주현 그림	책내음
106	《마티스의 빨간 물고기》	상드린 앤드류 글 / 줄리아 쇼송 그림	톡
107	《말놀이 동요집》	최승호 시 / 방시혁 곡 / 윤정주 그림	비룡소
108	《맑은 하늘, 이제 그만》	이욱재 글·그림	노란돼지
109	《맨홀에 빠진 딴청이》	보르미 글·그림	노란돼지
110	《먹구름 청소부》	최은영 글·그림	노란상상
111	《메리 크리스마스, 늑대 아저씨!》	미야니시 타츠야 글·그림	시공주니어

112	《목욕탕에서 선생님을 만났다》	강정규 글 / 손지희 그림	문학동네
113	《몰라요, 그냥》	박상기 글 / 김진희 그림	창비
114	《몰라쟁이 엄마》	이태준 글 / 원유미 그림	보물창고
115	《무섭지 않아》	멜라니 뤼탕 글·그림	산하
116	《무지개 물고기》	마르쿠스 피스터 글·그림	시공주니어
117	《미술관 그림 도둑을 잡아라!》	사가라 아츠코 글 / 사게사카 노리코 그림	킨더랜드
118	《바늘 아이》	윤여림 글 / 모예진 그림	나는별
119	《바다거북, 생명의 여행》	스즈키 마모루 글·그림	천개의바람
120	《바람의 맛》	김유경 글·그림	이야기꽃
121	《바보가 만든 숲》	미야자와 겐지 글 / 이토 와타루 그림	담푸스
122	《발명가 매티》	모니카 쿨링 글 / 데이비드 파킨스 그림	달과소
123	《발명왕은 나야, 나!》	바바라 에샴 글 / 마이크 고든 그림	아주좋은날
124	《발표는 괴로워》	이자연 글 / 최소영 그림	큰북작은북
125	《밥풀 할아버지》	박민선 글 / 김태란 그림	책고래
126	《배추흰나비 알 100개는 어디로 갔을까?》	권혁도 글·그림	길벗어린이
127	《백점빵》	배욱찬 글·그림	책과콩나무
128	《별을 보는 아이》	캐슬린 크럴,폴 브루어 글 / 프랭크 모리슨 그림	함께자람
129	《병구는 600살》	이승민 글 / 최미란 그림	주니어RHK
130	《봄 여름 가을 겨울 풀꽃과 놀아요》	박신영 글·그림	사계절
131	《봄이 오면》	한자영 글·그림	사계절
132	《북극곰 엉덩이가 뜨거워!》	소중애 글·그림	함께자람
133	《불곰에게 잡혀간 우리 아빠》	허은미 글 / 김진화 그림	여유당
134	《붉은 여우 아저씨》	송정화 글 / 민사욱 그림	시공주니어
135	《비교-단위편》	이다미, 윤영선 글 / 강신광 그림	라이카미

136	《빙하가 사라진 내일》	로지 이브 글·그림	한울림어린이
137	《빛의 용》	오노 미유키 글 / 히다카 쿄코 그림	봄나무
138	《빠릿빠릿 일하는 집》	게리 베일리 글 / 모레노 키아키에라 외 그림	개암나무
139	《빨강 머리 토리》	채정택 글 / 윤영철 그림	북극곰
140	《빼떼기》	권정생 글 / 김환영 그림	창비
141	《뿡!》	보리스 보이체홉스키 글 / 알라 벨로바 그림	청어람아이
142	《사라지는 동물 친구들》	이자벨라 버넬 글·그림	그림책공작소
143	《사람 백과사전》	메리 호프만 글 / 로스 애스퀴스 그림	밝은미래
144	《사람을 구하는 개 천둥이》	김현주 글·그림	아르볼
145	《사자삼촌》	김소선 글·그림	책고래
146	《상상 초월 미래의 집》	서랜느 테일러 글 / 모레노 키아키에라, 미셸 토드 그림	개암나무
147	《새해 아기》	권정생 글 / 신현아 그림	단비
148	《생태학이 정말 우리 지구를 지킨다고?》	마리엘라 코간, 일레아나 로테르스타인 글 / 파블로 피시크 그림	찰리북
149	《선생님도 1학년》	김수정 글 / 안성하 그림	책고래
150	《세상에서 제일 힘 센 수탉》	이호백 글 / 이억배 그림	재미마주
151	《세상이 깜짝 놀란 세계문화유산》	유순혜 글·그림	위즈덤하우스
152	《손 큰 할머니의 만두 만들기》	채인선 글 / 이억배 그림	재미마주
153	《손가락 문어》	구세 사나에 글·그림	길벗어린이
154	《솔이의 추석 이야기》	이억배 글·그림	길벗어린이
155	《수리수리 셈도사 수리》	이향안 글 / 최미란 그림	시공주니어
156	《수박 수영장》	안녕달 글·그림	창비
157	《수학에 빠진 아이》	미겔 탕코	나는별
158	《수학왕 바코》	오주영 글 / 심윤정 그림	사계절
159	《숲 속 재봉사》	최향랑 글·그림	창비

160	《쉬는 시간에 똥 싸기 싫어》	김개미 글 / 최미란 그림	토토북
161	《슈퍼 거북》	유설화 글·그림	책읽는곰
162	《시골은 시골로 남겨 둬야 해》	린다 에볼비츠 마셜 글 / 일라리아 우르비나티 그림	씨드북
163	《시끄러운 루시가 제일 좋아》	우테 크라우제 글·그림	을파소
164	《신기한 독》	홍영우 글·그림	보리
165	《신발 신은 강아지》	고상미 글·그림	위즈덤하우스
166	《심술쟁이 내 동생 싸게 팔아요!》	다니엘르 시마르 글·그림	어린이작가정신
167	《심심해 심심해》	요시타케 신스케 글·그림	주니어김영사
168	《싸워도 돼요?》	고대영 글 / 김영진 그림	길벗어린이
169	《아들 인권 선언》	엘리자베스 브라미 글 / 에스텔 비용 스파뷸 그림	노란돼지
170	《아빠 로봇 프로젝트》	정소영 글 / 에스더 그림	푸른책들
171	《아씨방 일곱동무》	이영경 글·그림	비룡소
172	《아홉 살 마음 사전》	박성우 글 / 김효은 그림	창비
173	《아홉 살 함께 사전》	박성우 글 / 김효은 그림	창비
174	《안나와 할아버지와 눈보라》	카를라 스티븐스 글 / 마고 톰스 그림	시공주니어
175	《안녕 나의 등대》	소피 블랙올 글·그림	비룡소
176	《안녕, 나는 서울이야》	이나영 글 / 박정은, 이나영 그림	상상력놀이터
177	《안녕, 밥꽃》	장영란 글 / 김휘승 그림	내일을여는책
178	《안전 대장 리시토》	엘 에마토크리티코 글 / 알베르토 바스케스 그림	봄별
179	《얘들아, 기후가 위험해》	닐 레이튼 글·그림	재능교육
180	《어른들이 사라졌다》	클라라 후라도 글 / 사라 산체스 그림	푸른숲주니어
181	《어른이 되는 날》	유다정 글 / 한수자 그림	스콜라
182	《어린이를 위한 마음 공부》	이주윤 글·그림	보랏빛소

183	《어린이를 위한 우동 한 그릇》	구리 료헤이, 다케모도 고노스케 원작 / 이가혜 그림	청조사
184	《어서 오세요 만리장성입니다》	이정록 글 / 김유경 그림	킨더랜드
185	《언제나 칭찬》	류호선 글 / 박정섭 그림	사계절
186	《얼룩진 아이》	다니엘 루샤르 글 / 아델라 레슈나 그림	마주별
187	《엄마 까투리》	권정생 글 / 김세현 그림	낮은산
188	《엄마 돌보기》	재클린 윌슨 글 / 닉 샤랫 그림	시공주니어
189	《엄마 아빠가 우리를 버렸어요》	이상옥 글·그림	산하
190	《엄마 인권 선언》	엘리자베스 브라미 글 / 에스텔 비용-스파뇰 그림	노란돼지
191	《엄마가 제일 잘 알아!》	질 머피 글·그림	길벗어린이
192	《에이다》	피오나 로빈슨 지음	씨드북
193	《여섯 가지 습관으로 최고의 아이가 되는 법》	먼로 리프 글·그림	밝은미래
194	《여섯 개의 점》	젠 브라이언트 글 / 보리스 쿨리코프 그림	함께자람
195	《예술아, 어디에 있니?》	다니엘 뷔렌 작품 / 심은록 글	재미마주
196	《오, 멋진데!》	마리 도를레앙 글·그림	이마주
197	《오늘은 내가 스타!》	패트리샤 폴라코 글·그림	나는별
198	《오늘은 우리집 김장하는 날》	채인선 글 / 방정화 그림	보림
199	《오늘은 칭찬 받고 싶은 날!》	제니퍼 K. 만 글·그림	라임
200	《오염물이 터졌다!》	송수혜 글·그림	미세기
201	《완벽한 아이 팔아요》	미카엘 에스코피에 글 / 마티외 모데 그림	길벗스쿨
202	《왕짜증 나는 날》	아미 크루즈 로젠달 글 / 레베카 도티 그림	주니어김영사
203	《왜 나는 초대 안 했어?》	수산나 이세른 글 / 아돌포 세라 그림	주니어김영사
204	《왜 나만 시간이 없어》	박윤경 글 / 혜경 그림	리틀씨앤톡

205	《외국에서 온 새 친구》	마리아 디스몬디 글 / 도나 패럴 그림	보물창고
206	《외딴집》	캐리 러스트 글·그림	지양사
207	《욕 좀 하는 이유나》	류재향 글 / 이덕화 그림	위즈덤하우스
208	《용도 바이올리니스트가 될 수 있나요?》	루이사 비야르 리에바나 글 / 클라우디 라누치 그림	책속물고기
209	《용돈 주세요》	고대영 글 / 김영진 그림	길벗어린이
210	《우당탕탕 2학년 3반》	안선모 글 / 최현주 그림	청어람주니어
211	《우당탕탕, 할머니 귀가 커졌어요》	엘리자베트 슈티메르트 글 / 카롤리테 케르 그림	비룡소
212	《우리 마을 도서관에 와 볼래?》	유은실 글 / 신민재 그림	사계절
213	《우리 집엔 형만 있고 나는 없다》	김향이 글 / 이덕화 그림	푸른숲주니어
214	《우리 할머니 김복자》	서미경 글·그림	봄의정원
215	《우리 할아버지는 열다섯 살 소년 병입니다》	박혜선 글 / 장준영 그림	위즈덤하우스
216	《우리가 태어났을 때》	아나 가요, 파블로 아코스타 글 / 아이네 베스타드 그림	노란상상
217	《우리는 모두 소중해요》	국제앰네스티 본부 글 / 존 버닝햄 등 그림	사파리
218	《우리와 다른 아이》	엘리사 마촐리 글 / 소니아 마리아 루체 포센티니 그림	한울림스페셜
219	《우체부 아저씨와 비밀편지》	앨런 앨버그 글 / 자넷 엘버그 그림	미래아이
220	《울지 말고 말하렴》	이찬규 글 / 최나미 그림	애플비
221	《웃기고 냄새나는 역사 속 똥오줌 이야기》	설흔 글 / 최현묵 그림	스콜라
222	《윙윙 실팽이가 돌아가면》	미야가와 히로 글 / 하야시 아키코 그림	한림출판사
223	《으악, 도깨비다!》	손정원 글 / 유애로 그림	느림보
224	《음악이 가득한 집》	마르그레트 레티히 글 / 롤프 레티히 그림	밝은미래
225	《이구아나 할아버지》	박효미 글 / 강은옥 그림	사계절

226	《이럴 땐 싫다고 말해요》	마리 프랑스 보트 글 / 파스칼 르메트르 그림	문학동네
227	《이럴 땐 어떻게 말할까?》	김은의 글 / 신민재 그림	위즈덤하우스
228	《이모의 결혼식》	선현경 지음	비룡소
229	《이야기할아버지의 이상한 마당》	임혜령 글 / 임석재 동시 / 이광익 그림	한림출판사
230	《이제 모두 다 금지야!》	아나 마리아 마샤도 글 / 조제 카를루스 롤로 그림	책속물고기
231	《인간 세상에 온 힘센 선녀》	용민하 글·그림	리하북스
232	《일기 쓰기 딱 좋은 날》	정신 글 / 홍수영 그림	시공주니어
233	《일루미네이쳐 자연을 비춰 봐요》	레이철 윌리엄스 글 / 카르노브스키 그림	보림
234	《잃어버린 천사를 찾아서》	막스 뒤코스 글·그림	국민서관
235	《작지만 대단한 씨앗》	현진오 글 / 김삼현 그림	시공주니어
236	《잘 가, 작은 새》	마거릿 와이즈 브라운 글 / 크리스티안 로빈슨 그림	북뱅크
237	《장고를 부탁해!》	홍민정 글 / 이채원 그림	머스트비
238	《접시꽃 엄마》	앤 브로일즈 글 / 안나 올터 그림	산하
239	《조립왕 장렬이》	유진 글·그림	한림출판사
240	《좋은 말로 할 수 있잖아!》	김은중 글 / 문종훈 그림	개암나무
241	《지구가 좌충우돌》	오주영 글 / 심보영 그림	상상의집
242	《지구를 살리는 위대한 지렁이》	린다 글레이저 글 / 로레타 크루핀스키 그림	보물창고
243	《지리산 반달곰》	이지엽 글 / 김현아 그림	고요아침
244	《지붕이 있는 집》	리자퉁 글 / 정후이어 그림	산하
245	《지하차도 건너기》	하모 글 / 한아름 그림	우주나무
246	《지혜 쑥쑥 이솝이야기》	성지영 엮음 / 손명자 그림	깊은 나무
247	《진짜 일 학년 용돈 작전을 펼쳐라!》	신순재 글 / 안신애 그림	천개의바람
248	《질문왕 비리비리 통통》	양태석 글 / 장경혜 그림	주니어김영사

249	《집으로 가는 길》	프란 프레스톤 개논 글·그림	걸음동무
250	《징검다리》	마그리트 루어스 글 / 니자르 알리 바드르 그림	이마주
251	《책 먹는 여우》	프란치스카 비어만 글·그림	주니어김영사
252	《책이 꼼지락 꼼지락》	김성범 글 / 이경국 그림	미래아이
253	《천하대장군이 된 꼬마 장승》	노경실 글 / 김세현 그림	두레아이들
254	《초정리 편지》	배유안 글 / 홍선주 그림	창비
255	《춤추는 방글 할머니》	박현숙 글 / 백서율 그림	나한기획
256	《치과 의사 드소토 선생님》	윌리엄 스타이그 글·그림	비룡소
257	《친구를 사귀고 싶어》	이현주 글 / 천필연 그림	리틀씨앤톡
258	《친구를 팝니다》	카레 산토스 글 / 안드레스 게레로 그림	베틀북
259	《칠판 앞에 나가기 싫어》	다이엘 포세트 글 / 베로니크 보아리 그림	비룡소
260	《쿵쿵이의 대단한 습관 이야기》	허은미 글 / 조원희 그림	풀빛
261	《쿵푸 아니고 똥푸》	차영아 글 / 한지선 그림	문학동네
262	《타자! 우주 로켓》	도미니크 윌리먼 글 / 벤 뉴먼 그림	책읽는곰
263	《태어납니다 사라집니다》	유미희 글 / 장선환 그림	초록개구리
264	《토끼 뻥튀기》	정해왕 글 / 한선현 그림	길벗어린이
265	《틀려도 괜찮아》	마키타 신지 글 / 하세가와 토모코 그림	토토북
266	《파브르 식물 이야기》	장 앙리 파브르 글 / 이제호 그림	사계절
267	《팥죽 할머니와 호랑이》	조대인 글 / 최숙희 그림	보림
268	《폭탄머리 아저씨와 이상한 약국》	강이경 글 / 김주경 그림	도토리숲
269	《퐁퐁이와 툴툴이》	조성자 글 / 사석원 그림	시공주니어
270	《프레드릭》	레오 리오니 지음	시공주니어
271	《프립 마을의 몹시 집요한 개퍼들》	조지 손더스 글 / 레인 스미스 그림	담푸스

272	《하느님이 우리 옆집에 살고 있네요》	권정생 글 / 신혜원 그림	산하
273	《하늬, 히말라야를 넘다》	우봉규 글 / 남성훈 그림	아롬주니어
274	《하루 왕따》	양혜원 글 / 심윤정 그림	잇츠북어린이
275	《하민이의 그림 그리고 싶은 날》	김하민 글·그림	주니어김영사
276	《하지만 막스도 잘하는 게 있어요》	발터 비퍼스베르크 글 / 수잔 오펠 괴츠 그림	책내음
277	《학교로 가는 백만 번의 발걸음》	로즈메리 맥카니, 플랜인터내셔널 지음	베틀북
278	《한국에서 부란이 서란이가 왔어요》	요란 슐츠, 모나카 슐츠 글·그림	고래이야기
279	《한국을 살린 부자들》	오홍선이 글 / 려하 그림	M&Kids
280	《한밤중 달빛 식당》	이분희 글 / 윤태규 그림	비룡소
281	《할머니의 비밀 일기》	윤자명 글 / 손영경 그림	스푼북
282	《할아버지의 감나무》	서진선 글·그림	평화를품은책
283	《행복한 가족 앨범》	신시아 라일런트 글 / 엘런 바이어 그림	보물창고
284	《행복한 늑대》	엘 에마토크리티코 글 / 알베르토 바스케스 그림	봄볕
285	《헉! 오늘이 그날이래》	이재경 글·그림	고래뱃속
286	《헤엄이》	레오 리오니 글·그림	시공주니어
287	《호로로 히야, 그리는 대로》	차나무 글 / 노준구 그림	창비
288	《화요일의 두꺼비》	러셀 에릭슨 글 / 김종도 그림	사계절
289	《황금 이파리》	커스틴 홀 글 / 매튜 포사이드 그림	주니어김영사
290	《후덜덜 곤충 수리공》	나스타시아 루가니 글 / 샤를린 콜레트 그림	해와나무
291	《훈민정음》	조남호 글 / 김언희 그림	열린어린이
292	《흙 속 세상은 놀라워》	이완주 글 / 한상언 그림	시공주니어
293	《희망을 쏘아 올린 거북선》	안미란 글 / 정인성 외 그림	개암나무
294	《히말라야의 메시 수나칼리》	제니퍼 보름 르 모르방 글 / 니콜라 와일드 그림	풀빛

| 295 | 《2 주세요!》 | 김성화, 권수진 글 / 한성민 그림 | 만만한책방 |
| 296 | 《2,556,767번째 지진이 났어요!》 | 마티외 실방데 글 / 페르스발 바리에 그림 | 길벗어린이 |

중학년

	도서명	지은이	출판사
1	《가로등을 밝히는 사람》	아리네 삭스 글 / 안 드 보더 그림	지양어린이
2	《가면 학교》	유강 글 / 장은경 그림	아름다운사람들
3	《가자, 달팽이 과학관》	윤구병 기획 / 권혁도 그림	보리
4	《가족 더하기》	최형미 글 / 한지선 그림	스콜라
5	《가족: 사랑하는 법》	선혜연 글 / 이혜란 그림	사계절
6	《가족과 함께하는 어린이 요리 책》	엘레오노르 테리 글 / 젬마 로만 그림	도림아이
7	《가족을 지켜라》	김바다 글 / 국은오 그림	단비어린이
8	《가짜 뉴스 방어 클럽》	임지형 글 / 국민지 그림	국민서관
9	《강아지도 마음이 있나요?》	한해숙 글 / 송은선 그림	애플트리태일즈
10	《개가 말하는 친구 사용법》	기타야마 요코 글·그림	위즈덤하우스
11	《거실에 소가 누워 있어요》	이대형 글 / 강혜숙 그림	한울림어린이
12	《거인 부벨라와 지렁이 친구》	조 프리드먼 글 / 샘 차일즈 그림	주니어RHK
13	《거짓말 손수건, 포포피포》	디디에 레비 글 / 장 바티스트 부르주아 그림	이마주
14	《검은 꽃 슬아의 꿈》	이영 글 / 김나영 그림	킨더랜드
15	《게임보다 더 재미있는 게 어디 있어?》	채화영 글 / 박선하 그림	팜파스
16	《고래 벽화》	김해원 지음	바람의아이들
17	《고래 어린이 인문 학교》	최성각 외 글 / 김규정 그림	철수와영희
18	《고향에서 놀던 때가 그립습니다》	이재연 글·그림	소동
19	《곱구나! 우리 장신구》	박세경 글 / 조에스더 그림	한솔수북
20	《공부가 되는 파브르 곤충기》	장 앙리 파브르 지음	아름다운사람들
21	《공부짱 댄스짱》	고정욱 글 / 원유미 그림	다숲
22	《공자 아저씨네 빵가게》	김선희 글 / 강경수 그림	주니어김영사

23	《공포의 먼지폭풍》	돈 브라운 글·그림	두레아이들
24	《국어가 좋아지는 국어사전》	오성균 글 / 류성미 그림	킨더랜드
25	《귀신 선생님과 진짜 아이들》	남동윤 글·그림	사계절
26	《귀신보다 더 무서워》	허은순 글 / 김이조 그림	보리
27	《그 무엇보다 소중한 나》	이모령 글 / 장은경 그림	아름다운사람들
28	《그래프를 만든 괴짜》	헬레인 베커 글 / 마리 에브 트랑블레 그림	담푸스
29	《그랜드 캐니언》	제이슨 친 글·그림	봄의정원
30	《그림 도둑 준모》	오승희 글 / 최정인 그림	낮은산
31	《그림 없는 그림책》	한스 크리스티안 안데르센 글 / 릴리안 브뢰게르 그림	시공주니어
32	《그림으로 보는 한국사》(1~5세트)	황은희 글 / 이동철 외 그림	계림북스
33	《기차 할머니》	파울 마르 글 / 프란츠 비트캄프 그림	책내음
34	《기차에서 3년》	조성자 글 / 이영림 그림	미래엔아이세움
35	《김 반장의 탄생》	조경희 글 / 김다정 그림	나무생각
36	《김수로왕도 다문화 가정이라구?》	김소은 글 / 정다희 그림	아롬주니어
37	《꼴찌 없는 운동회》	고정욱 글 / 우연이 그림	내인생의책
38	《꼴찌라도 괜찮아》	유계영 글 / 김중석 그림	휴이넘
39	《꽃씨 할아버지 우장춘》	정종목 글 / 김명길 그림	창비
40	《꽈당, 넘어진 날》	배순아 글·그림	현북스
41	《꿀벌 소년》	토니 드 솔스 글·그림	샘터
42	《꿈꾸는 극장의 비밀》	김하은 글 / 백대승 그림	라임
43	《나 혼자가 편한데 왜 다 같이 해야 해?》	최형미, 이향 글 / 안경희 그림	팜파스
44	《나가자! 독서 마라톤 대회》	정성현 글 / 오유선 그림	꿈터
45	《나눔으로 따뜻한 세상을 만든 진짜 부자들》	이향안 글 / 이덕화 그림	현암주니어

46	《나는 그냥 말랄라입니다》	레베카 로윌 지음	푸른숲주니어
47	《나는 북만길이다》	홍종의 글 / 조승연 그림	파랑새
48	《나는 불평등이 싫어!》	카트린 르뷔펠, 소피 보르데-프티용 글 / 로젠 브레카르 그림	톡
49	《나는 슈갈이다》	한영미 글 / 남궁선하 그림	어린이나무생각
50	《나무는 어떻게 지구를 구할까?》	니키 테이트 지음	초록개구리
51	《나비를 잡는 아버지》	현덕 글 / 원유성 그림	효리원
52	《나비박사 석주명의 포충망》	김경민 글 / 이지후 그림	밝은미래
53	《나에게 하는 약속》	신진희 글 / 윤문영 그림	예림당
54	《나의 눈이 너의 눈이야》	루스 윌록스, 줄리어스 셀런스 지음	봄나무
55	《나의 미누 삼촌》	이란주 글 / 전진경 그림	우리학교
56	《나하고만 친구 할 거지?》	엘리자베스 브로캠프 글 / 조니 스트링필드 그림	개암나무
57	《난 왜 자꾸 질투가 날까?》	강민경 글 / 안경희 그림	팜파스
58	《날아라! 포장마차》	송방순 글 / 김미정 그림	노란돼지
59	《낭송하고 싶은 우리 동시》	문삼석 외 글 / 이선주 그림	좋은꿈
60	《내 멋대로 나 뽑기》	최은옥 글 / 김무연 그림	주니어김영사
61	《내 멋대로 친구 뽑기》	최은옥 글 / 김무연 그림	주니어김영사
62	《내 스마트폰이 아프리카에 있대요》	양혜원 글 / 소복이 그림	위즈덤하우스
63	《내 이름은 아임쏘리》	장수명 글 / 김품창 그림	한림출판사
64	《내 이름을 불렀어》	이금이 글 / 최명숙 그림	해와나무
65	《내 입은 불량 입》	경북봉화분교 어린이들 시·그림	크레용하우스
66	《내 짝꿍으로 말할 것 같으면,》	임근희 글 / 지우 그림	좋은책어린이
67	《내가 뉴스를 만든다면?》	손석춘 글 / 이갑규 그림	토토북
68	《너는 그리고 나는 달린다》	박현경 글 / 김영곤 그림	내인생의책
69	《노아의 스마트폰》	디나 알렉산더 지음	나무야

70	《누구나 기회가 필요해: 빈곤》	루이스 스필스베리 글 / 하나네 카이 그림	라임
71	《더불어 건강하고 행복하게 살기 위한 17가지 방법》	루이스 스필스베리 글 / 마크 러플 그림	현암주니어
72	《덕수궁과 정동》	김효중 글 / 이유나, 이종호 그림	주니어김영사
73	《도시 땅속이 궁금해》	에스더 포터 글 / 안드레스 로사노 그림	와이즈만BOOKs
74	《독도가 우리 땅일 수밖에 없는 12가지 이유》	윤문영 글·그림	단비어린이
75	《독도의 숨겨진 비밀 여의주를 찾아라》	권오단 글 / 배봉진 그림	산수야
76	《동물들의 세계사》	벤 러윌 글 / 새라 월시 그림	책과콩나무
77	《돼지도 누릴 권리가 있어》	백은영 글 / 남궁정희 그림	와이즈만BOOKs
78	《두 개의 이름》	크리스티 조던 펜턴, 마거릿 포키악 펜턴 글 / 리즈 아미니 홈즈 그림	푸른숲주니어
79	《들썩들썩 우리 놀이 한마당》	서해경 글 / 우연이 그림	현암사
80	《들썩들썩 채소 학교》	윤재웅 글 / 박재현 그림	맹앤앵
81	《들키고 싶은 비밀》	황선미 글 / 김유대 그림	창비
82	《딜쿠샤의 추억》	김세미, 이미진 글 / 전현선 그림	찰리북
83	《떡볶이는 달다》	홍민정 글 / 황여진 그림	단비어린이
84	《똥 도감》	북뱅크 편집부 지음	북뱅크
85	《똥구의 은따 탈출기》	임정순 글 / 현숙희 그림	좋은꿈
86	《뜀틀 넘기 숙제》	후쿠다 이와오 글·그림	상상의집
87	《레기, 내 동생》	최도영 글 / 이은지 그림	비룡소
88	《로봇 큐로와 별별 과학》	황문숙 글 / 김윤정 그림	나는별
89	《루시와 우주로 날아간 라이카》	윌 버킹엄 글 / 모니카 아르날도 그림	청어람아이
90	《리디아의 정원》	사라 스튜어트 글 / 데이비드 스몰 그림	시공주니어
91	《만복이네 떡집》	김리리 글 / 이승현 그림	비룡소

92	《맘대로 되는 일이 하나도 없어!》	이승민 글 / 박정섭 그림	풀빛
93	《맨발의 탐라 공주》	김기정 글 / 백대승 그림	푸른숲주니어
94	《멀쩡한 이유정》	유은실 글 / 변영미 그림	푸른숲주니어
95	《모래 언덕의 길》	콜레트 위다비 글 / 나탈리 디에테를레 그림	머스트비
96	《못생긴 열매가 더 맛있단다》	송재찬 글 / 이상권 그림	우리교육
97	《무어 사서 선생님과 어린이도서관에 갈래요!》	잰 핀버러 글 / 데비 애트웰 그림	다산기획
98	《무툴라는 못 말려》	베벌리 나이두 글 / 피에트 그로블러 그림	국민서관
99	《미래가 온다, 인공 지능》	김성화, 권수진 글 / 이철민 그림	와이즈만BOOKs
100	《미래인간》	톰 잭슨 글 / 크리스티나 구이티안 그림	청어람아이
101	《미생물은 힘이 세! 세균과 바이러스》	김희정 글 / 이창우 그림	지학사아르볼
102	《미얀마, 마웅저 아저씨의 편지》	진형민 글 / 김태은 그림	사계절
103	《미움받아도 괜찮아》	황재연 글 / 김완진 그림	인플루엔셜
104	《미켈란젤로의 예술 교실》	신연호 글 / 조승연 그림	시공주니어
105	《믿는 만큼 보이는 세상》	배정우 글 / 홍자혜 그림	크레용하우스
106	《바삭바삭 갈매기》	전민걸 글·그림	한림출판사
107	《바위나리와 아기별》	마해송 글 / 정유정 그림	길벗어린이
108	《바이러스에도 안전해요》	박신식 글 / 젤리이모 그림	소담주니어
109	《반쪽 엄마》	백승자 글 / 정지혜 그림	밝은미래
110	《밤의 교실》	김규아 글·그림	샘터
111	《밤하늘 이야기》	마이클 드리스콜 글 / 메레디스 해밀턴 그림	거인
112	《백구 똥을 찾아라!》	김태호 동화 / 조윤주 그림	예림당
113	《백만 명 중의 한 명, 커쇼》	크리스틴 지드럼스 지음	W미디어
114	《벽 속에 숨은 마법 시계》	존 벨레어스 지음	살림어린이

115	《별난 양반 이선달 표류기》	김기정 글 / 이승현 그림	웅진주니어
116	《병태와 콩 이야기》	송언 글 / 백남원 그림	사계절
117	《복사꽃 외딴집》	권정생 글 / 이기영 엮음 / 김종숙 그림	단비
118	《부엌에 맛있는 세균이 있어요》	이대형 글 / 강혜숙 그림	한울림어린이
119	《비밀 레스토랑 브란》	박선화 글 / 안병현 그림	잇츠북어린이
120	《빵이당 vs 구워뜨》	강효미 글 / 박정섭 그림	상상의집
121	《사라져 가는 우리의 얼, 도깨비》	김성범 글 / 노성빈 그림	미래아이
122	《사람은 왜 매일 잠을 잘까?》	소피 슈바르츠, 이리나 콘스탄틴스쿠 글 / 오렐리앙 데바 그림	다산기획
123	《사랑에 대한 작은 책》	울프 스타르크 글 / 이다 비에슈 그림	책빛
124	《사회 계급이 뭐예요?》	플란텔 팀 글 / 호안 네그레스콜로르 그림	풀빛
125	《사회는 쉽다 10》	김서윤 글 / 우지현 그림	비룡소
126	《살아있다는 것》	윤소영 글 / 신민재 그림	낮은산
127	《색깔의 역사》	클리브 기포드 글 / 마르크-에티엔 펭트르 그림	노란돼지
128	《생각이 꽃피는 토론》	황연성 지음	이비락
129	《성을 쌓는 아이》	안선모 글 / 최정인 그림	청어람주니어
130	《세계를 바꾸는 착한 마을 이야기》	박소명 글 / 이영미 그림	북멘토
131	《세상 모든 차별》	엠마 스트라크 글 / 마리아 프라드 그림	걸음
132	《세상에서 가장 가난한 대통령 무히카》	미겔 앙헬 캄포토니코 원작/ 전지은 글 / 안지혜 그림	을파소
133	《세상을 다시 그린다면》	다니엘 피쿨리 글 / 나탈리 노비 그림	이마주
134	《세상을 바꾼 작은 영웅들》	스텔라 콜드웰 지음	놀이터
135	《세상을 살린 10명의 용기 있는 과학자들》	레슬리 덴디, 멜 보링 글 / C. B. 모단 그림	다른

136	《세상을 앞으로 바꾼 인권》	신현수 글 / 안희영 그림	상상의집
137	《소금 세계사를 바꾸다》	마크 쿨란스키 글 / S. D. 쉰들러 그림	웅진주니어
138	《소희가 온다!》	김리라 글 / 정인하 그림	책읽는곰
139	《속담 하나 이야기 하나》	임덕연 글 / 안윤경 그림	산하
140	《손으로 보는 아이, 카밀》	토마시 마우코프스키 글 / 요안나 루시넥 그림	소원나무
141	《수상한 선글라스》	고수산나 글 / 박이름 그림	스푼북
142	《수진이와 큰개불알풀꽃》	송아주 글 / 김주경 그림	도토리숲
143	《숨 쉬는 도시 꾸리찌바》	안순혜 글 / 박혜선 그림	파란자전거
144	《숨은 신발 찾기》	은영 글 / 이지은 그림	문학동네
145	《쉿! 엄마에겐 비밀이야》	은효경 글 / 고수 그림	노란돼지
146	《스마트폰 감시자》	신채연 글 / 김수연 그림	파란정원
147	《스티브 잡스의 세 가지 이야기》	스티브 잡스 글 / 우덕환 그림	아이란
148	《식물이 좋아지는 식물책》	김진옥 글·사진	궁리
149	《신통방통 홈쇼핑》	이분희 글 / 이명애 그림	비룡소
150	《쓰레기통에 숨은 보물을 찾아라!》	미셸 멀더 지음	초록개구리
151	《아! 깜짝 놀라는 소리》	신형건 글 / 강나래, 김지현 그림	푸른책들
152	《아낌없이 주는 나무》	셀 실버스타인 글·그림	시공주니어
153	《아드님, 진지 드세요》	강민경 글 / 이영림 그림	좋은책어린이
154	《아버지 생각》	성은경 글 / 최유정 그림	빨강머리앤
155	《아빠, 왜 히틀러한테 투표했어요?》	디디에 데냉크스 글 / 페프 그림	봄나무
156	《아빠의 마지막 바이올린》	안나 만소 글 / 가브리엘 살바도 그림	아름다운사람들
157	《아저씨, 진짜 변호사 맞아요?》	천효정 글 / 신지수 그림	문학동네
158	《아주 특별한 우리 형》	고정욱 글 / 김효은 그림	대교북스주니어

159	《안네의 일기》	안네 프랑크 원작 / 양태석 글 / 김혜연 그림	은하수미디어
160	《안녕, 우주》	에린 엔트라다 켈리 지음	밝은미래
161	《안녕, 우주인》	다카시나 마사노부 글 / 아라이 료지 그림	시공주니어
162	《안녕, 중력》	박광명 글·그림	고래뱃속
163	《안녕, 티시킨》	그렌다 밀러드 글 / 캐럴라인 매걸 그림	자주보라
164	《안톤이 안톤을 찾아가는 17가지 이야기》	에디트 슈라이버-비케 글 / 카롤라 홀란트 그림	푸른숲주니어
165	《야생동물 구조 일기》	최협 글·그림	길벗어린이
166	《약이야? 독이야? 화학제품》	김희정 글 / 정인하 그림	지학사아르볼
167	《양말을 꿀꺽 삼켜버린 수학》(전2권)	김선희 글 / 조현숙 그림	생각을담는어린이
168	《양심을 배달합니다!》	임근희 글 / 주성희 그림	책읽는곰
169	《양파의 왕따 일기》(전2권)	문선이 글·그림	푸른놀이터
170	《얘야, 아무개야, 거시기야!》	천효정 글 / 최미란 그림	문학동네
171	《어린 과학자를 위한 로켓 이야기》	박열음 글 / 홍민기 그림	봄나무
172	《어린 여우를 위한 무서운 이야기》	크리스천 맥케이 하이디커 글·그림	밝은미래
173	《어린왕자 The Little Prince》	생텍쥐페리 원작 / 윤성미 그림	대일출판사
174	《어린이가 알아야 할 가짜 뉴스와 미디어 리터러시》	채화영 글 / 박선하 그림	팜파스
175	《어린이가 지구를 구하는 50가지 방법》	지구를 구하는 50가지 방법 제작위원회 글 / 소복이 그림	우리교육
176	《어린이를 위한 그림의 역사》	데이비드 호크니, 마틴 게이퍼드 글 / 로즈 블레이크 그림	비룡소
177	《어린이를 위한 그릿》	전지은 글 / 이갑규 그림	비즈니스북스
178	《어린이를 위한 미술관 안내서》	김희경 글 / 안은진 그림	논장
179	《어린이를 위한 바보 빅터》	호아킴 데 포사다, 레이먼드 조 원작 / 전지은 글 / 원유미 그림	한국경제신문사

180	《어린이를 위한 세계 미술 여행》	박은주 글 / 정가애 그림	찰리북
181	《어서옵쇼 분식집》	이이다 도모코 글 / 나가노 도모코 그림	한울림스페셜
182	《억울한 곤충들》	조성준 지음	북스토리
183	《얼음피아노》	서울 글·그림	산소먹은책
184	《엄마, 내가 자전거를 탔어요!》	이노우에 미유키 글 / 카리노 후키코 그림	베틀북
185	《엄마가 봄 이었어요》	나태주 글 / 더여린 그림	문학세계사
186	《엄마를 도둑 맞았어》	최은영 글 / 김선배 그림	마주별
187	《엉덩이로 자동차 시동을 건다고?》	마리아 버밍엄 글 / 이안 터너 그림	푸른숲주니어
188	《엘 데포》	시시 벨 글·그림	밝은미래
189	《열한 살, 인생은 스마일리》	앤 킬리키 글 / 이혜인 옮김	대원키즈
190	《영웅이도 영웅이 필요해》	윤해연 글 / 신민재 그림	꿈꾸는달팽이
191	《옛날 도구가 뚝딱! 현대 도구가 척척!》	김하늬 글 / 이경석 그림	아이세움
192	《오떡순 유튜버》	김현태 글 / 장인옥 그림	가문비어린이
193	《오빠는 오늘도 폭발 중》	에드바르트 판 드 판델 글 / 마티아스 드 레이우 그림	라임
194	《오지랖과 시치미와 도루묵을 찾아라!》	이규희 글 / 지문 그림	그린북
195	《온 세상 국기가 펄럭펄럭》	서정훈 글 / 김성희 그림	웅진주니어
196	《와글와글 직업 대탐험》	실비에 산자 글 / 밀란 스타리 그림	길벗스쿨
197	《와이파이 기술을 발명한 영화배우 헤디 라마》	로리 월마크 글 / 케이티 우 그림	두레아이들
198	《와이파이를 먹어버린 펄럭바지들》	박은숙 글 / 이상윤 그림	킨더랜드
199	《왜 세상에는 가난한 사람과 부자가 있을까요?》	김상규 글 / 이정 그림	나무생각
200	《왜 욕심부리면 안 되나요?》	유정원 글 / 최민정 그림	참돌어린이

201	《왜? 고맙다고 말해야 해요?》	엠마 워딩턴, 크리스토퍼 맥커리 글 / 루이스 토마스 그림	이종주니어
202	《왠지 이상한 동물도감》	누마가사 와타리 글·그림	아이세움
203	《용감한 닭과 초록 행성 외계인》	앤 파인 글 / 김이랑 그림	논장
204	《우등생을 위한 103가지 공부습관》	박신식 글 / 김미정 그림	계림
205	《우리 가족이 수상해》	김해우 글 / 심윤정 그림	책과콩나무
206	《우리 도자기》	이기범 글 / 이우창 그림	문학동네
207	《우리 손으로 우리 집을 지어요》	조너선 빈 글·그림	주니어김영사
208	《우리 아빠는 해남》	박재형 글 / 박지은 그림	베틀북
209	《우리 언니 해 줄래?》	서유리 글 / 곽은숙 그림	머스트비
210	《우리가 모르는 사이》	박채란 글 / 장경혜 그림	키다리
211	《우리는 언제나 다시 만나》	윤여림 글 / 안녕달 그림	위즈덤하우스
212	《우리동네 봉사왕》	고정욱 글 / 이주윤 그림	책글터
213	《우리를 사랑하고 보호해 주세요!》	서지원 글 / 이미정 그림	소담주니어
214	《우리반에 스컹크가 산다》	조성자 글 / 김진화 그림	이마주
215	《우주 토끼의 뱅뱅 도는 지구 여행》	오주영 글 / 김일경 그림	상상의집
216	《우주의 우체부는 너무 바빠!》	기욤 페로 글·그림	라임
217	《위대한 똥말》	서석영 글 / 허구 그림	바우솔
218	《위험한 게임 마니또》	선자은 글 / 고상미 그림	푸른숲주니어
219	《유전자 조작 반려동물 뭉치》	김해우 글 / 김현진 그림	책과콩나무
220	《이대로가 아닌 이대로》	안오일 글 / 김선배 그림	크레용하우스
221	《이상한 나의, 가족》	양연주 글 / 고정순 그림	주니어김영사
222	《이선비, 의궤를 만들다》	세계로 글·기획 / 황문숙 동화 / 경혜원 그림	아이세움
223	《이야기 할아버지의 이상한 밤》	임혜령 글 / 류재수 그림	한림출판사

224	《이유가 있어서 상을 받았습니다》	마틴 젠킨스 글 / 토르 프리먼 그림	꿈터
225	《이제 나도 발명가》	롭 비티 지음	다림
226	《이젠 4차 산업혁명! 로봇과 인공지능》	이한음 글 / 이창섭 그림	지학사아르볼
227	《인포그래픽스 INFOGRPHICS 4차 산업혁명》	사이먼 로저스 글 / Studio Muti 그림	국민출판
228	《일기 쓰는 엄마》	송언 글 / 최정인 그림	잇츠북어린이
229	《있으려나 서점》	요시타케 신스케 글·그림	온다
230	《자신만만 직업 여행》	최옥임 글 / 김민정 외 그림	아이즐
231	《작은 눈이 어때서?》	최은순 글 / 김언희 그림	뜨인돌어린이
232	《잔소리 없는 날》	안네마리 노르덴 지음 / 원유미 그림	보물창고
233	《잠옷 파티》	닉 샤랫 그림	시공주니어
234	《장화홍련전: 우리가 정말 가족일까》	강영준 글 / 홍지혜 그림	지학사아르볼
235	《젓가락 달인》	유타루 글 / 김윤주 그림	바람의아이들
236	《정약용 아저씨의 책 읽는 밥상》	김선희 글 / 박해남 그림	주니어김영사
237	《젬베를 두드려라!》	홍종의 글 / 김주경 그림	국민서관
238	《져야 이기는 내기》	조지 섀넌 글 / 피터 시스 그림	베틀북
239	《조선을 품은 대문》	신현경 글 / 한태희 그림	개암나무
240	《조선통신사: 평화를 전하는 발걸음》	강응천 글 / 한태희 그림	토토북
241	《조커, 학교 가기 싫을 때 쓰는 카드》	수지 모건스턴 글 / 미레유 달랑세 그림	문학과지성사
242	《지구 반대편에서 찾은 엄마의 숨결》	고은애 글 / 김민준 그림	하루놀
243	《지도로 볼 수 없는 우리 땅을 알려 줄게》	홍민정 글 / 안녕달 그림	해와나무
244	《지진》	지진 일상 프로젝트 글 / 요리후지 분페이 그림	다림

245	《진실동 만행 박물관》	고정욱 글 / 최현묵 그림	크레용하우스
246	《진짜 진짜 착한 어린이상》	이종은 글 / 박보라 그림	노루궁뎅이
247	《진짜 투명인간》	레미 쿠르종 지음	씨드북
248	《집 안 팝니다》	사라 캐시디 글 / 임승천 그림	씨드북
249	《책이 있는 나무》	비센테 무뇨스 푸에예스 글 / 아돌포 세라 그림	풀빛미디어
250	《처음 만나는 직업책 2》	김향금 글 / 김현영 그림	미세기
251	《천사의 구두》	조반나 조볼리 글 / 요안나 콘세이요 그림	단추
252	《초등 단위 사전》	php 연구소 지음	길벗스쿨
253	《초롱이와 함께 지도 만들기》	로렌 리디 글·그림	미래아이
254	《최열 아저씨의 지구촌 환경 이야기》	최열 글 / 노희성 그림	크레용하우스
255	《최치원전》	임어진 글 / 배한나 그림	마음이음
256	《최훈 선생님이 들려주는 과학자처럼 생각하기》	최훈 글 / 이지은 그림	우리학교
257	《친절한 백화점》	김경숙 글 / 황여진 그림	단비어린이
258	《칭찬 스티커 전쟁》	최은영 글 / 윤유리 그림	주니어김영사
259	《카이와 그레타》	주타 님피우스 글 / 바바라 융 그림	한울림스페셜
260	《컴퓨터 코딩의 여왕 그레이스 호퍼》	로리 월마크 글 / 케이티 우 그림	두레아이들
261	《코끼리는 내일 온다》	남상순 글 / 김다정 그림	해와나무
262	《콘텐츠 연구소 집현전입니다》	강승임 글 / 김혜령 그림	책속물고기
263	《콩 한 쪽도 나누어요》	고수산나 글 / 이해정 그림	열다
264	《크리에이터가 간다》	최은영 글 / 이갑규 그림	개암나무
265	《키다리 아저씨》	진 웹스터 지음 / 김지혁 그림	인디고
266	《탈무드 111가지》	세상모든책 편집부 엮음	세상모든책
267	《택배로 부탁해요》	권비영 글 / 성시후 그림	정인출판사

268	《톰 소여의 모험》	마크 트웨인 지음 / 도널드 매케이 그림	시공주니어
269	《팝업으로 만나는 도구와 기계의 원리》	데이비드 맥컬레이 글·그림	크래들
270	《펜으로 만든 괴물》	린 풀턴 글 / 펠리시타 살라 그림	씨드북
271	《편의점》	이영아 글 / 이소영 그림	고래뱃속
272	《평범한 열두 살은 없다》	기시모토 신이치 지음	양철북
273	《푸른 기차의 정거장》	이순원 글 / 이주윤 그림	보랏빛소
274	《프린들 주세요》	앤드루 클레먼츠 지음 / 양혜원 그림	사계절
275	《프린세스, 진짜 힘을 보여 줘!》	비타 머로 글 / 훌리아 베레시아르투 그림	을파소
276	《플랑크톤의 비밀》	김종문 글 / 이경국 그림	예림당
277	《하늘로 날아》	샐리 덩 글·그림	너머학교
278	《하늘을 쫓는 아이》	정지아 글 / 홍정선 그림	스푼북
279	《하루와 미요》	임정자 글 / 박세영 그림	문학동네
280	《학교가 살아났다!》	윤일호 글 / 정진희 그림	고래가숨쉬는도서관
281	《한눈에 반한 우리 미술관》	장세현 지음	사계절
282	《한밤중 톰의 정원에서》	필리파 피어스 원작/ 에디트 그림	길벗어린이
283	《할머니 가출 작전》	황지영 글 / 이다연 그림	웅진주니어
284	《할머니 어디 계세요?》	에드먼드 림 글 / 탄 지 시 그림	다섯수레
285	《할머니는 누구 편이야》	노형진 글 / 방현일 그림	바나나
286	《할아버지 단팥빵》	김윤경 글 / 김문주 그림	좋은꿈
287	《함께》	루크 아담 호커 글·그림	BARN
288	《행복 마트 구양순 여사는 오늘도 스마일》	조경희 글 / 원정민 그림	어린이나무생각
289	《호두네 정원》	이보림 글 / 레지나 그림	한겨레아이들
290	《화 잘 내는 법》	시노 마키, 나가나와 후미코 글 / 이시이 유키 그림	뜨인돌어린이

291	《휠체어는 내 다리》	프란츠 요제프 후아이니크 글 / 베레나 발하우스 그림	주니어김영사
292	《35》	이윤희 글 / 심보미, 배정식 그림	하마
293	《4카드》	정유소영 글 / 국민지 그림	웅진주니어
294	《5번 레인》	은소홀 글 / 노인경 그림	문학동네
295	《SNS가 뭐예요?》	에마뉘엘 트레데즈 글 / 하프밥 그림	개암나무
296	《TV 귀신 소파 귀신》	윤정 글 / 민소원 그림	상상의집

 고학년

	도서명	지은이	출판사
1	《가족이 되다》	김영주 글 / 안병현 그림	단비청소년
2	《간송 선생님이 다시 찾은 우리 문화유산 이야기》	한상남 글 / 김동성 그림	샘터
3	《갈매기에게 나는 법을 가르쳐 준 고양이》	루이스 세뿔베다 글 / 이억배 그림	바다출판사
4	《갈매기의 꿈》	리처드 바크 지음	현문미디어
5	《강을 건너는 아이》	심진규 글 / 장선환 그림	천개의바람
6	《거미에게 잘해 줄 것》	마거릿 블로이 그레이엄 글·그림	미디어창비
7	《걱정 먹는 우체통》	김유 글 / 김응 엮음	하늘을나는교실
8	《격몽요결》	이이 지음	을유문화사
9	《경국대전을 펼쳐라!》	손주현 글 / 오승민 그림	책과함께어린이
10	《고릴라에게서 평화를 배우다》	김황 글 / 김은주 그림	논장
11	《고물 할아버지와 엉뚱한 박물관》	정인수 글 / 장효원 그림	신원문화사
12	《고양이달 3》	박영주 글 / 김다혜 그림	아띠봄
13	《공학은 세상을 어떻게 바꾸었을까?》	황진규 글 / 박연옥 그림	어린이나무생각
14	《과학을 몰라도 잘난 척하기 딱 좋은 상식을 뒤집어 과학하기》	장순근 글 / 박준우 그림	리잼
15	《과학이 해결해주지 않아》	장성익 글 / 송하완 그림	풀빛미디어
16	《괜찮아, 방학이야!》	김혜정 글 / 강현희 그림	예림당
17	《괜찮아, 열두 살일 뿐이야》	김정애 글 / 홍가람 그림	좋은땅
18	《괴짜 발명가 노트》	앤드류 레이, 리사 리건 지음	한스미디어
19	《괴짜 할아버지의 선물 삼강행실도》	함영연 글 / 이예숙 그림	그린북
20	《국경 없는 마을》	박채란 글·사진 / 한성원 그림	서해문집
21	《그냥 베티》	이선주 글 / 신진호 그림	책읽는곰

22	《그림으로 보는 재미있는 과학 원리》(전2권)	데이비드 맥컬레이 글·그림	크래들
23	《글쓰기 하하하》	이오덕 지음	양철북
24	《기다려》	박현숙 글 / 김은주 그림	북멘토
25	《기적을 불러온 타자기》	윤혜숙 글 / 장경혜 그림	별숲
26	《기체, 태양계로 드라이브 떠나다》	전화영 글 / 우지현 그림	북멘토
27	《긴긴밤》	루리 글·그림	문학동네
28	《깃털이 지켜준 아이》	홍종의 글 / 최현묵 그림	꿈터
29	《꼴찌, 전교 회장에 당선되다!》	이토 미쿠 글 / 김명선 그림	단비어린이
30	《꿈을 나르는 책 아주머니》	헤더 헨슨 글 / 데이비드 스몰 그림	비룡소
31	《꿈을 디자인하라》	임경묵 지음	꿈결
32	《나는 개입니까》	창신강 지음	사계절출판사
33	《나는 설탕으로 만들어 지지 않았다》	이은재 글 / 김주경 그림	잇츠북
34	《나는 언제나 말하고 있었어》	문경민 글 / 레지나 그림	개암나무
35	《나는 초콜릿의 달콤함을 모릅니다》	타라 설리번 글·그림	푸른숲주니어
36	《나는야 베들레헴의 길고양이》	데보라 엘리스 글	책속물고기
37	《나라에 일이 생기면 누가 해결하지》	서지원 글 / 이주윤 그림	마음이음
38	《나를 표현하는 열두 가지 감정》	임성관 글 / 강은옥 그림	책속물고기
39	《나만 아니면 괜찮을까?》	필리스 카우프만 굿스타인, 엘리자베스 버딕 글 / 신민재 그림	길벗스쿨
40	《나무 도감》	임경빈, 김준호, 김용심 글 / 이제호, 손경희 그림	보리
41	《나무 위의 물고기》	린다 멀랠리 헌트 글	책과콩나무
42	《나무를 심은 사람》	장 지오노 글 / 최수연 그림	두레
43	《나의 가족, 사랑하나요》	전이수 글·그림	주니어김영사
44	《나의 빨간 머리 앤》	샤론 제닝스 지음	소년한길

45	《나의 직업 요리사》	청소년행복연구실 엮음	동천출판
46	《난생처음 히치하이킹》	김아영 글 / 서영아 그림	문학과지성사
47	《날씨 나라 우산 가족의 나들이》	장수하늘소 글 / 이선주 그림	밝은미래
48	《날씨 이야기》	브리타 테큰트럽 글·그림	북뱅크
49	《내 꿈은 슈퍼마켓 주인》	쉐르민 야샤르 글 / 메르트 투겐 그림	위즈덤하우스
50	《내 인생 첫 캠프》	베라 브로스 골 글·그림	시공주니어
51	《내 인생의 알파벳》	배리 존스버그 지음	분홍고래
52	《내 친구 꼬마 거인》	로알드 달 글 / 퀸틴 블레이크 그림	시공주니어
53	《내가 사는 집》	신현수 글 / 김윤정 그림	아르볼
54	《내가 안 보이나요》	실벤느 자우이 글 / 시빌 들라크루아 그림	한울림스페셜
55	《너 정말 우리말 아니》	이어령 글 / 김용연 그림	푸른숲주니어
56	《널 잊지 않을게》	A. F. 해럴드 글 / 에밀리 그래빗 그림	가람어린이
57	《녀석을 위한 백점 파티》	백은하 글 / 김재희 그림	푸른숲주니어
58	《노빈손 사기1: 맹상군열전》	박은철 저/ 이우일 그림	뜨인돌출판사
59	《노숙인 인권학교》	그자비에 에마뉘엘리, 소피 보르데 글 / 레미 사이아르 그림	톡
60	《노잣돈 갚기 프로젝트》	김진희 글 / 손지희 그림	문학동네
61	《뉴턴의 돈 교실》	이향안 글 / 윤지희 그림	시공주니어
62	《닐과 순다리》	미탈리 퍼킨스 글 / 제이미 호건 그림	도토리숲
63	《다섯 손가락 수호대》	홍종의 글 / 최민호 그림	살림어린이
64	《달러구트 꿈 백화점》	이미예 지음	팩토리나인
65	《달빛 마신 소녀》	캘리 반힐 지음	양철북
66	《달에서 아침을》	이수연 글·그림	위즈덤하우스
67	《대통령은 누가 뽑나요?》	정관성 글 / 김미정 그림	노란돼지
68	《대한민국 독도 교과서》	호사카 유지 글 / 허현경 그림	미래엔 아이세움

69	《더 보이》	캐서린 길버트 머독 지음/ 이안 숀 허 그림	다산기획
70	《덕이의 행주대첩》	양지안 글 / 김선배 그림	푸른숲주니어
71	《도서관에 괴물이 나타났어요》	자카리아 오호라 글·그림	미디어창비
72	《도서관을 훔친 아이》	알프레도 고메스 세르다 글 / 클로이 그림	풀빛미디어
73	《독립군 소녀 해주》	이규희 글 / 이경하 그림	내인생의책
74	《독립군의 아들, 홍이》	조경숙 글 / 이용규 그림	국민서관
75	《독립운동 스타실록》	최설희 글 / 신나라 그림	상상의집
76	《동계 올림픽 완전 대백과》	김성호 글 / 김소희 그림	사계절
77	《두 얼굴의 에너지 원자력》	김성호 글 / 전진경 글미	길벗스쿨
78	《두둥 무서운 기생충이 입장하였습니다》	서민 글 / 김석 그림	웅진주니어
79	《디자인은 어디에나 있어!》	이남석, 이규리, 이규린 글 / 김정윤 그림	창비
80	《딸기 우유 공약》	문경민 글 / 허구 그림	주니어김영사
81	《또마의 그네》	박현경 글 / 신슬기 그림	한겨레아이들
82	《똥 학교는 싫어요!》	김하연 글 / 이갑규 그림	초록개구리
83	《뚱딴지같은 내 마음 왜 이럴까?》	에스더 와라번 글 / 엘리 헤이스 그림	토토북
84	《레몬첼로 도서관》	크리스 그라번스타인 글	사파리
85	《로댕》	노성두 글	다림
86	《로빈슨 크루소》	다니엘 디포 글	지경사
87	《마당을 나온 암탉》	황선미 글 / 김환영 그림	사계절
88	《마음도 복제가 되나요?》	이병승 글 / 윤태규 그림	창비
89	《마지막 잎새》	오 헨리 지음	예림당
90	《마지막 퍼즐 조각》	박서진 글 / 백대승 그림	좋은책어린이
91	《마틸다 효과》	엘리 어빙 지음	미래인
92	《마틸다》	로알드 달 글 / 퀸틴 블레이크 그림	시공주니어

93	《만화 보다 재미있는 민화이야기》	정병모, 전희정 글 / 조에스더 그림	스푼북
94	《명화는 명화를 남긴다》	윤영숙, 조윤행, 박연화 글 / 김이한 그림	핵교
95	《무엇이든 세탁해 드립니다》	원명희 글 / 서영아 그림	위즈덤하우스
96	《무지개 나라를 꿈꾸는 남아프리카 공화국 이야기》	장용규 글 / 장효주 그림	미래엔아이세움
97	《문화재를 지킨 사람들》	안민영 글 / 허지영 그림	책과함께어린이
98	《물음표가 느낌표에게》	최수철 글 / 신민재 그림	문학과지성사
99	《미래가 온다, 로봇》	김성화, 권수진 글	와이즈만BOOKs
100	《미스터리 게시판》	김명진 글 / 전명진 그림	청어람주니어
101	《민주주의와 선거》	오진원 지음	현북스
102	《바다를 병들게 하는 플라스틱》	시르스티 블룸,예이르 빙 가브리엘센 지음	생각하는책상
103	《바위에 새긴 이름 삼봉이》	김일광 글 / 이상권 그림	봄봄출판사
104	《박물관이 들려주는 경제 이야기》	박물관이야기 지음	글로연
105	《박지원, 열하로 배낭여행 가다》	김경윤 지음	탐
106	《반려동물 키우기》	강지혜 글 / 강은옥 그림	상상의집
107	《발가락 코 소년》	로버트 호지 글	노란상상
108	《발칙한 학교》	박현숙 지음	다림
109	《방방곡곡 한국지리 여행》	김은하 글 / 긴리 그림	봄나무
110	《백치 아다다 외》	계용묵 외 지음	지식의숲
111	《베니스의 상인》	윌리엄 셰익스피어 지음	지경사
112	《별빛 아이》	배봉기 글 / 정수영 그림	북멘토
113	《북촌 김선비 가족의 사계절 글쓰기》	정혜원 글 /이고은 그림	한겨레아이들
114	《불량한 자전거 여행》	김남중 글 / 허태준 그림	창비
115	《불편한 선물》	조성자 글 / 이영림 그림	잇츠북어린이

116	《불편한 이웃》	유승희 글·그림	책읽는곰
117	《블랙 걸》	에밀리 플라토 글·그림	밝은미래
118	《비밀지도》	조경숙 글 / 안재선 그림	샘터
119	《빅 데이터》	안지선 글 / 송진욱 그림	봄볕
120	《빨간 머리 앤》	루시 모드 몽고메리 지음	지경사
121	《빼앗긴 문화재에도 봄은 오는가》	서해경 글 / 이선주 그림	풀빛미디어
122	《사라, 버스를 타다》	윌리엄 밀러 글 / 존 워드 그림	사계절
123	《사랑의 선물》	방정환 번역 / 지효진 그림	현북스
124	《사이언스 코믹스 전염병》	팰린 코크 글·그림	길벗어린이
125	《사춘기 아니라고!》	박산향 글 / 원정민 그림	푸른날개
126	《사투리 회화의 달인》	문부일 글 / 영민 그림	마음이음
127	《산에 가면 산나물 들에 가면 들나물》	오현식 글 / 박은지 그림	논장
128	《상상 친구》	A. F. 해럴드 글 / 에밀리 그래빗 그림	가람어린이
129	《생각이 뛰어노는 한자》	이어령 글 / 박재현 그림	푸른숲주니어
130	《샬롯의 거미줄》	엘윈 브룩스 화이트 글 / 가스 윌리엄즈 그림	시공주니어
131	《서대문 자연사 박물관》	박진영 글 / 조재무 사진	현암주니어
132	《서울 골목의 숨은 유적 찾기》	안민영 글 / 임근선 그림	책과함께어린이
133	《세계 역사를 바꾼 도둑들》	정헌경 글 / 임익종 그림	다림
134	《세계를 바꾸는 착한 음악 이야기》	신지영 글 / 이소라 그림	북멘토
135	《세계를 움직이는 국제기구》	박동석 글 / 전지은 그림	봄볕
136	《세계사가 속닥속닥 정치와 민주주의》	이정화 글 / 성배 그림	북멘토
137	《세계지도는 어떻게 완성되었을까》	조지프 제이콥스 글 / 김곰 그림	행성B아이들

138	《세상에서 가장 슬픈 여행자, 난민》	하영식 글 / 김소희 그림	사계절
139	《세상에서 가장 아름다운 밤하늘 교실》	모리야마 신페이 지음	봄나무
140	《세상을 바꾸는 50가지 작은 혁명》	피에르도메니코 바칼라리오 외 글 / 안톤지오나타 페라리 그림	썬더키즈
141	《세상을 바꿀 미래 과학 설명서1》	안종제, 심선희, 정지수 지음	다른
142	《소금이》	김우경 글 / 장순일 그림	고인돌
143	《소나기》	황순원 지음	다림
144	《소년 영웅과 할아버지 독립군》	김은식 글 / 김동성 그림	나무야
145	《소년은 자란다》	이지현 지음	단비청소년
146	《소리 질러, 운동장》	전형민 글 / 이한솔 그림	창비
147	《속담에서 시작해 속담으로 끝나는 속담책》	강승임 글 / 박민희 그림	책속물고기
148	《수난이대》	하근찬 글	사피엔스21
149	《수상한 아이가 전학 왔다!》	제니 롭슨 글 / 정진희 그림	뜨인돌어린이
150	《수요일의 전쟁》	게리 D. 슈미트 글	주니어RHK
151	《수학으로 다시 보는 오즈의 마법사》	이광연 지음	살림FRIENDS
152	《숨은 권력, 미디어》	김재중 글 / 이경국 그림	미래아이
153	《스티브 잡스》	제시 하틀랜드 글·그림	책읽는곰
154	《슬퍼》	최형미 글 / 김혜연 그림	을파소
155	《아동 노동》	공윤희, 윤예림 글 / 윤봉선 그림	풀빛
156	《아름다운 가치사전》	채인선 글 / 김은정 그림	한울림어린이
157	《아무 말 대잔치》	홍민정 글 / 이주희 그림	좋은책어린이
158	《아무 말도 하기 싫은 날》	오언 콜퍼 글 / P. J. 린치 그림	라임
159	《아무 질문이나 괜찮아 답은 항상 찾을 수 있어》	누리 비타치 글 / 스텝 청 그림	니케주니어
160	《아이 로봇》	클라이브 기포드 글	예림당

161	《아플 때 읽는 빨간약 동화》	폴케 테게트호프 글 / 예라 코코브니크 그림	찰리북
162	《안녕, 나는 책이야》	김양미 글 / 오시영 그림	열다
163	《안팎정원》	키아라 메잘라마 글 / 레지스 르종 그림	놀궁리
164	《암행어사가 여자라고?》	진유정, 이지민, 진해연 지음	행복한미래
165	《앵무새 돌려주기 대작전》	임지윤 글 / 조승연 그림	창비
166	《어느 날 갑자기》	서지원 글 / 심윤정 그림	잇츠북어린이
167	《어린이를 위한 독서하브루타》	황순희 글 / 박선하 그림	팜파스
168	《어서 와, 우주 화장실은 처음이지?》	데이브 윌리엄스, 로레다나 컨티 글 / 테오 크라이나우 그림	푸른숲주니어
169	《억울한 백성이 없도록 하라》	김은하 글 / 이수진 그림	웅진주니어
170	《언제나 3월 1일》	장경선 글 / 신민재 그림	리틀씨앤톡
171	《언젠가 앤젤린은》	루이스 새커 글 / 강지연 그림	현북스
172	《엄마》	엘렌 델포르주 글 / 캉탱 그레방 그림	밝은미래
173	《엄마가 그리운 티나》	마리아 테레사 안드루에토 글 / 김선배 그림	별숲
174	《엘릭스와 함께하는 미래 세계》	야신 아이트 카시 글·그림	세용출판
175	《연어》	안도현 지음	문학동네
176	《열 길 물속보다 더 깊은 마음속속속들이 파헤치는 심리 교실》	강현식 글 / 홍성지 그림	길벗어린이
177	《열두 살, 사랑하는 나》	이나영 글 / 주리 그림	해와나무
178	《열두 살에 떠나는 미국 국립 공원 여행》	김재중, 김선호 글 / 김상인 그림	주니어김영사
179	《영국왕립예술학교》	틸 트릭스 글 / 대니얼 프로스트 그림	길벗어린이
180	《예술가가 된 꼬마 아이들 이야기》	데이비드 스테이블러 글 / 두기 호너 그림	레디셋고
181	《옛날 옛적 나무에 재미가 주렁주렁》	신현득 글 / 이미진 그림	리젬

182	《옛이야기로 만나는 법 이야기》	신주영 글 /김옥재 그림	꿈초
183	《오늘부터 공부 파업》	토미 그린월드 글 / 허현경 그림	책읽는곰
184	《오로라 원정대》	최은영 글 / 최민호 그림	우리교육
185	《완벽한 세계에 입장하시겠습니까?》	박현숙 글 / 이소영그림	살림어린이
186	《왕세자의 입학식》	김경화 글 / 김언경 그림	토토북
187	《왕자와 드레스메이커》	젠 왕 글·그림	비룡소
188	《우리 도시가 달라졌어요》	장재원 글 / 민경미 그림	가교
189	《우리 둘》	후쿠다 다카히로 글	찰리북
190	《우리 몸은 작은 우주야》	조대연 글 / 강현빈, 오윤화 그림	해와나무
191	《우리가 지켜낸 문화재》	정인수 글 / 이선주 그림	풀빛미디어
192	《우리는 가족일까》	유니게 지음	푸른책들
193	《우리는 거인이다》	앰버 리 도드 지음	가람어린이
194	《우리는 돈 벌러 갑니다》	진형민 글 / 주성희 그림	창비
195	《우리는 모두 인권이 있어요》	잔나 카리올리 글 / 안드레아 리볼라 그림	푸른숲주니어
196	《우리는 우주를 꿈꾼다》	에린 엔트라다 켈리 글	밝은미래
197	《움베르트 에코의 지구를 위한 세 가지 이야기》	움베르토 에코 글 / 에우제니오 카르미 그림	꿈터
198	《원소 주기율 감옥 대탈출》	류재근, 문홍주 글 / 박승규 그림	화수북
199	《월화수목 그리고 돈요일》	한아 글 / 배현정 그림	주니어김영사
200	《웬델》	브레나 섬러 글·그림	밝은 미래
201	《위대한 과학 혁명 100》	리사 제인 길레스피 글 / 유카이 두 그림	부즈펌어린이
202	《위대한 발명의 실수투성이 역사》	샬럿 폴츠 존스 글 / 존 오브라이언 그림	보물창고
203	《위장 가족》	제이크 버트 지음	씨드북
204	《유럽 과학 박물관 여행》	장미경 지음	자음과모음
205	《유명이와 무명이》	이경혜 지음	바람의 아이들

206	《유배지에서 보낸 정약용의 편지》	정약용 지음	보물창고
207	《유튜브 전쟁》	양은진 글 / 류한서 그림	엠앤키즈
208	《육촌형》	이현주 글 / 박철민 그림	보림
209	《윤서는 할머니와 단 둘이 산다》	신배화 글 / 조혜경 그림	키위북스
210	《율리의 바이올린》	김효 글	풀빛미디어
211	《으랏차차 조선 실록 수호대》	장은영 글 / 홍선주 그림	파란자전거
212	《이 기사 써도 되나요?》	송아주 글 / 현숙희 그림	어린이나무생각
213	《이상한 도둑과 산학 소년 강산이》	황은주 글 / 이은주 그림	그린북
214	《이상해? 다양해!》	아틀리에 실험실 글	풀빛
215	《이유가 있어서 멸종했습니다》	마루야마 다카시 글 / 사토 마사노리 외 그림	위즈덤하우스
216	《일제 강제 동원, 이름을 기억하라》	정혜경 글 / 최혜인 그림	사계절
217	《일주일은 엄마네, 일주일은 아빠네》	제클린 윌슨 글 / 닉 샤랫 그림	시공주니어
218	《자연의 역습, 감염병》	김양중 글 / 이경국 그림	미래아이
219	《자유가 뭐예요?》	오스카 브르니피에 글 / 프레데릭 레베나 그림	상수리
220	《장영실의 생각실험실》	송은영 글 / 오승만 그림	해나무
221	《재능도둑과 수상한 캠프》	리사 그래프 글	씨드북
222	《재미있는 환경 이야기》	허정림 글 / 김영랑 그림	가나출판사
223	《저녁까지만 거짓말하기로 한 날》	신현이 글	개암나무
224	《전쟁에 끌려간 어린이 병사》	미셸 치코나네, 제시카 디 험프리스 글 / 클라우디아 다빌라 그림	보물창고
225	《정민 선생님이 들려주는 한시 이야기》	정민 지음	보림
226	《조선왕조실록》	김찬곤 글 / 권아라 그림	사계절

227	《조잘조잘 박물관에서 피어난 우리 옷 이야기》	김영숙 글 / 지문 그림	미래엔아이세움
228	《존 아저씨의 꿈의 목록》	존 고다드 지음 / 이종욱 그림	글담어린이
229	《지구 반대편으로 간 선생님》	강창훈 글 / 김현영 그림	초록개구리
230	《지구가 100명의 마을이라면》	데이비드 J. 스미스 지음 / 셀라 암스트롱 그림	푸른숲주니어
231	《지구를 지키는 아이, 살바도르》	파트리시아 헤이스 글·그림	찰리북
232	《지구에서 최고로 특별해지는 법》	카트레인 베르에이큰 글 / 에바 마우튼 그림	푸른날개
233	《지구의 고백》	데이비드 버니 글	휴이넘
234	《지구촌 아름다운 거래 탐구생활》	한수정 글 / 송하완 그림	파란자전거
235	《지도 펴고 세계 여행》	이응곤, 김성은 글 / 한태희 그림	책읽는곰
236	《지붕이 들려주는 건축 이야기》	남궁담 글 / 심승희 그림	현암주니어
237	《진짜 나를 만나는 혼란상자》	따돌림사회연구모임 교실심리팀 글	마리북스
238	《질문 상자》	요슈타인 가아더 글 / 아큰 뒤자큰 그림	시공주니어
239	《쫄쫄이 내 강아지》	이민혜 글 / 김민준 그림	문학동네
240	《창밖의 아이들》	이선주 글	문학동네
241	《창의력이 빵 터지는 미술 감상》	전성수 글 / 김효진 그림	토토북
242	《책과 노니는 집》	이영서 글 / 김동성 그림	문학동네
243	《청소년을 위한 백범일지》	김구 글 / 신경림 편저	나남
244	《청춘기담》	이금이 글	사계절
245	《초등학생을 위한 교과서에 나오는 100명의 위인들》	서지원 글 / 원일러스트 그림	소담주니어
246	《초등학생을 위한 빅 히스토리》	김서형 글 / 오승만 그림	해나무
247	《최윤식의 주니어 미래준비학교 미래 로봇》	최윤식 지음	지식노마드
248	《최윤식의 주니어 미래준비학교 미래인공지능》	최윤식 지음	지식노마드

249	《치고, 던지고, 달리는 야구의 모든 것》	김성호 글 / 박재현 그림	사계절
250	《친절한 과학씨: 과학사의 위대한 생각들 33》	김소정 지음	청솔출판사
251	《콩이는 내가 지킬래》	이토 미쿠 글 / 아오야마 토모미 그림	책빛
252	《쿠킹 메이킹》	권요원 글 / 이유진 그림	바람의아이들
253	《크리스마스 캐럴》	찰스 디킨스 글 / 아서 래컴 그림	비룡소
254	《키가 작아지는 집》	가브리엘라 루비오 글·그림	담푸스
255	《키스 해링: 낙서를 사랑한 아이》	카이 해링 저 / 로버트 뉴베커 그림	봄나무
256	《탈출》	마렉 바다스 글 / 다니엘라 올레즈 니코바 그림	산하
257	《태양을 훔친 화가 빈센트 반 고흐》	염명순 지음	미래아이세움
258	《톨스토이의 아홉 가지 단점》	조은수 글·그림	만만한책방
259	《트럼펫을 부는 백조》	엘윈 브룩스화이트 글 / 프레드 마르셀리노 그림	산수야
260	《티모시와 99마리의 양》	조반나 조볼리 글 / 발레리오 비달리 그림	한겨레아이들
261	《파리 잡기 대회》	실비아 맥니콜 글	책과콩나무
262	《파스퇴르 아저씨네 왁자지껄 병원》	최은영 글 / 김효진 그림	주니어김영사
263	《페인트》	이희영 지음	창비
264	《편의점 가는 기분》	박영란 글	창비
265	《표절 교실》	김해우 글 / 임미란 그림	크레용하우스
266	《푸른 사자 와니니》	이현 글 / 오윤화 그림	창비
267	《플랜더스의 개》	위다 글 / 하이럼 빈즈 그림	비룡소
268	《플로팅 아일랜드》	김려령 글 / 이주미 그림	비룡소
269	《하루에 돌아보는 우리 궁궐》	손용해 외 글 / 심가인 외 그림	주니어김영사
270	《한 권으로 끝내는 이야기 세계사》	루스 브로클허스트, 헨리 브룩 글 / 애덤 라컴 그림	어스본코리아

271	《한 권으로 보는 초등학교 환경 교과서》	서은정 글 / 전경혜 그림	리잼
272	《할머니를 부탁해》	김민영, 김민정 글 / 송효정 그림	사계절
273	《할머니와 수상한 그림자》	황선미 글 / 노인경 그림	스콜라
274	《할미꽃은 봄을 세는 술래란다》	이청준 글	파랑새어린이
275	《할아버지의 코트》	짐 아일스워스 글 / 바바라 매클린톡 그림	이마주
276	《해피 노트》	구사노 다키 글	크레용하우스
277	《해피 버스데이 투 미》	신운선 글 / 서현 그림	문학과지성사
278	《햄버거가 스테이크보다 위험해?》	양서윤 글 / 송효정 그림	개암나무
279	《햇빛마을 아파트 동물원》	정제광 글 / 국민지 그림	창비
280	《행복을 나르는 버스》	맷 데 라 페냐 글 리스티안 로빈슨 그림	비룡소
281	《행복이 행복해지기 위해》	채인선 글 / 노석미 그림	뜨인돌어린이
282	《행복한 에너지》	최영민 글 / 원정민 그림	분홍고래
283	《행복한 청소부》	모니카 페트 글 / 안토니 보라틴스키 그림	풀빛
284	《행운의 마마 무치》	푸라우케 앙겔 글 / 야나 피샹 그림	씨드북
285	《호기심 로봇 로키》	안드레아스 휘킹, 앙겔리카 나스트라트 글 / 니콜라이 렝어 그림	라임
286	《호랑이를 덫에 가두면》	태 켈러 지음	돌베개
287	《회원님을 초대했습니다》	김미형 글 / 이여희 그림	머스트비
288	《101가지 인도이야기》	유니스 드 수사 글 / 수자타 싱 그림	소년한길
289	《10대, 나의 발견》	윤주옥 외 5인 지음/ 이지희 그림	글담
290	《10대를 위한 JUSTICE 정의란 무엇인가》	신현주 글 / 조혜진 그림	미래엔아이세움
291	《10대를 위한 직업의 세계》	스토리텔링연구소 글	삼양미디어
292	《14세와 타우타우씨》	우메다 슌사쿠, 우메다 요시코 글·그림	아름드리미디어

293	《2030년에는 투명 망토가 나올까?》	얀 파울 스휘턴 지음	다른
294	《3점 반장》	전은지 글 / 김고은 그림	주니어 김영사
295	《4차 산업혁명이 바꾸는 미래세상》	연유진 글 / 박민희 그림	풀빛
296	《EBS 어린이 지식 ⓔ 직업 멘토 3》	이장원 글 / 이주희 그림	지식플러스

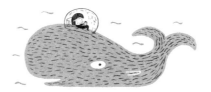